EVLENMEDEN ÖNCE

DOĞAN CÜCELOĞLU, İstanbul Üniversitesi psikoloji bölümünden mezun olduktan sonra ABD'de Illinois Üniversitesi'nde Bilişsel Psikoloji (algılama, düşünme, iletişim) alanında doktorasını yapmıştır.

Daha sonra Türkiye'de Hacettepe ve Boğaziçi üniversitelerinde görev yapan Cüceloğlu, Fulbright bursuyla bir yıl süreyle Berkeley'deki Kaliforniya Üniversitesi'nde ziyaretçi öğretim üyesi olarak çalışmalarda bulunmuştur.

1980-1996 yılları arasında ABD'de Fullerton şehrindeki Kaliforniya Eyalet Üniversitesi'nde görev yapan Cüceloğlu'nun, kırkı aşkın Türkçe ve İngilizce bilimsel makalesi yayınlanmıştır. 1996 yılından bu yana Türkiye'de üniversite öğrencilerine, öğretmenlere, ana-babalara ve işadamlarına yönelik seminerlere, konferanslara ve atölye çalışmalarına ağırlık vermiştir.

1990'dan bu yana Cüceloğlu, Türk insanının düşünce, duygu ve davranışlarını bilimsel psikoloji kavramları içinde inceleyen kitaplar yazmaktadır.

YAZARIN TÜM KİTAPLARI

Başarıya Götüren Aile • Bir Kadın Bir Ses
• Damdan Düşen Psikolog (söyleşi: Canan Dilâ)
• Evlenmeden Önce • Gerçek Özgürlük
• Geliştiren Anne-Baba • İçimizdeki Biz • İçimizdeki Çocuk
• İnsan İnsana • İnsan ve Davranışı • İletişim Donanımları
• Korku Kültürü • 'Mış Gibi' Yaşamlar
• 'Mış Gibi' Yetişkinler • Onlar Benim Kahramanım
• Savaşçı

www.dogancuceloglu.net

Doğan Cüceloğlu

EVLENMEDEN ÖNCE

Remzi Kitabevi

EVLENMEDEN ÖNCE / Doğan Cüceloğlu
Felsefi Psikoloji

© Remzi Kitabevi, Aralık 2017

Her hakkı saklıdır.
Bu yapıtın aynen ya da özet olarak
hiçbir bölümü, telif hakkı sahibinin
yazılı izni alınmadan kullanılamaz.

Yayına hazırlayan: Ömer Erduran
Kapakta görseli kullanılan eser: Around You (Susan Lordi)
Kapak tasarımı: Ömer Erduran

ISBN 978-975-14-1822-7

BİRİNCİ BASIM: Aralık 2017
SEKİZİNCİ BASIM: Temmuz 2020

Kitabın bu basımı 5000 adet yapılmıştır.

Remzi Kitabevi A.Ş., Akmerkez E3-14, 34337 Etiler-İstanbul
Sertifika no: 10705
Tel (212) 282 2080 Faks (212) 282 2090
www.remzi.com.tr post@remzi.com.tr

Baskı: Seçil Ofset, 100. Yıl Mah., Matbaacılar Sitesi
4. Cad. No: 77 Bağcılar-İstanbul
Sertifika no: 44903 / Tel (212) 629 0615

Cilt: Çifçi Mücellit, 100. Yıl Mah., Matbaacılar Sitesi
5. Cad. No: 24-25 Bağcılar-İstanbul
Tel (212) 629 4783

İçindekiler

Başlarken, 9

BİRİNCİ BÖLÜM
Evlilik Deyince, 15
İki İnsan: Biri Kadın Biri Erkek, 23

İKİNCİ BÖLÜM
Kendini Tanımayan Dengini
Zor Bulur, 41
Evlenme Olgunluğu, 60
Neden O?, 83
Sözün Kısası, 115

ÜÇÜNCÜ BÖLÜM
İletişim Olgunluğu, 121
İlişkinin Canı Var, 133
Sözün Kısası, 154

DÖRDÜNCÜ BÖLÜM
Paylaşılan Değerler:
Evliliğe Anlam Veren Çerçeve, 159
Ben Değerleri Sorun Yaratır,
Biz Değerleri Sorun Çözer, 164
Sözün Kısası, 188

Kızım Sana Söylüyorum..., 191

Bitirirken, 195
Sevgiyi Hakkıyla Yaşayıp, Yaşatmak, 197
Farklı Pencerelerden Bakmayı Öğrenmek, 198

Teşekkür , 203

Kavramlar Sözlüğü, 205

Kitaptaki Bazı Kavramlarla İlgili
Daha Ayrıntılı Okuma İçin, 209

Notlar, 217

Kaynakça, 219

Yıldız'a!
"Gözlerindeki ışıltı hiç kaybolmasın!"
dileğim ve sevgimle...

BAŞLARKEN

Evliliğe, eski gelenek ve göreneklerin içinde oluşmuş 'modası geçmiş bir kurum' olarak bakanların sayısı az değildir. Konuya bu gözle bakanlar, değişen ve gittikçe bireyselleşen toplumda iki insan arasındaki ilişkiye kimsenin karışmaması gerektiğini savunurlar. Ekonomik koşulların gelişmesi, teknolojinin getirdiği olanaklarla haberleşmenin ve ulaşımın kolaylaşması, eski inançların zayıflaması bu tavrın yayılmasının altında yatan önemli etkenlerdir.

Ne var ki, toplum ekonomik, teknolojik ve sosyal yönden ne kadar gelişirse gelişsin evlilik bütün toplumlarda devam ediyor ve evlilikten uzak durmaya çalışanlar bile bir süre sonra hayatlarını sevdikleriyle 'evlilik' ilişkisi içinde birleştiriyorlar.

İşinden, kazancından, sosyal hayatından memnun bekâr bir erkek okurum, *"Mutluyum, ama hep bir eksiklik hissediyorum,"* diye yazmış. Halk ozanı Aşık Mahmut Çelikgün, *"İnsanları bu hayata bağlayan, aşk sazının bir telidir evlilik,"* demiş. Değişik toplum ve kültürlerde evlilik üstüne yapılan yüzlerce araştırmayı gözden geçiren bir bilimsel çalışmadan şu sonuç çıkıyor: *"İnsanlar varoldukça evlilik de varolacaktır ve insanlık evlilik sayesinde gelişecektir."*

Bu kitabın konusu evlilik. Bu konuda farklı farklı deneyimleri olan insanlar var. Kitapta önce onların görüşleri ve evliliğin insan yaşamındaki önemi üzerinde durdum. Daha sonra kişinin kiminle evleneceğine karar verirken üzerinde düşünmesi gereken üç boyutu inceledim:

1. Evlenecek olan kişinin kendini ve evlilikten beklentilerini tanıması;
2. Evleneceği kişiyi ve onun evlilikten ne gibi beklentileri olduğunu öğrenmesi;
3. Ve birlikte nasıl bir evlilik oluşturacaklarına karar vermeleri.

Karı-kocanın evlilik ilişkisi hayatın en önemli ilişkisi. Peki, kolay bir ilişki mi bu? Hayır; insan hayatının en önemli ve en zor ilişkisi, evlilik ilişkisidir. Ben, evlenmeden önce evlilik ilişkisine hazır hale gelmeyi çok önemsiyorum ve bu nedenle de, elinizdeki çalışmada sağlıklı evlilik ilişkisi için gerekli iletişim farkındalıklarını gözden geçirdim. Bunlar:

1. İletişim,
2. Sosyal kimlik ve evrensel insan özü,
3. İlişki içinde altı tanıklık boyutunun içselleştirilmesi.

Daha sonra evlilik ilişkisini sağlıklı tutacak ve sürdürecek temel inanç ve değerleri ele aldım. Bu aşamada iki farklı ilişki şablonu devreye giriyor. Bunlardan ilki, evlilikte BEN ilişkisi. BEN ilişkisi eşlerden birinin diğerini sürekli baskı altına alma, onu yönetme tavrından kaynaklanır. Bu tavrın temelinde Denetim Odaklı Korku Kültürü vardır.

Evlilikte BİZ ilişkisi ise, Gelişim Odaklı Değerler Kültürü'nün yaşattığı değerler üzerine kurulur. BİZ ilişkisi içinde değerlerini yaşayan evlilikte karı-koca birbirini denetleme, birbirine baskın çıkma tavrı içinde değildir. İnandıkları, yaşadıkları ve yaşattıkları değerlerle mutlu ve huzurlu bir yuva oluştururlar. Kitapta bu değerleri inceledim.

Kitap boyunca sık sık bana yazılan mektuplardan alıntılar yaptım. Düşüncelerini, duygularını benimle içtenlikle paylaşan yüzlerce okurumun yazdığı mektuplar konunun ne denli önemli olduğunu gösteriyor. Mektuplardan, kimlik ve yer belirtmeden yaptığım alıntılar kitapta ele alınan kavramları ete kemiğe büründürüyor ve bazen hüzünlendiren bazen de ümit veren öyküler olarak sizlerle buluşuyor.

İncelenen kavramları zaman zaman "Sözün Kısası" başlığı altında özetledim.

Kitabı "Bitirirken" evlilik konusunda bana göre önemli olan toplumsal gözlem ve önerilere yer verdim. Kitabın başından sonuna kadar her aşamasında bana yardım eden iki bekâr genç asistanım oldu; Emre Pekçetinkaya ve Gizem Çil. Merak ettim, acaba bütün bu çalışma süresinin sonunda bu iki genç ne öğrenip, nelerin farkına vardılar? "Bitirirken" bölümünün ardından, onların görüşlerine yer verdim.

Kitabın sonuna bir "Kavramlar Sözlüğü" koydum. Ayrıca, iletişim ve ilişki konusunu daha derinlemesine incelemek isteyecek okurlar için bazı kitaplarımın kısa tanıtımlarını verdim. Kitabın en sonundaki "Kaynakça" bölümü de, bu yapıtın hazırlanmasında doğrudan ya da dolaylı yararlandığım kitap, makale ve konuşmaları içeriyor.

Umarım bu kitap okurlarımın anlamlı ve mutlu yarınların kapısını açmasına yardımcı olur.

Selamlar, sevgiler.

DOĞAN CÜCELOĞLU
Akatlar, İstanbul,
Kasım 2017

BİRİNCİ BÖLÜM

Evlilik Deyince

*Evlilik ilişkisi bir bahçedir.
Çiçek de yetiştirebilirsin,
diken de!*

DC

Aklı başında her insan kendisi ve sevdikleri için iyi bir gelecek ister ve iyi bir gelecek deyince de hemen akla 'iş' ve 'eş' gelir. Gelenek görenek temelli evliliklerin sorgulandığı bu dönemde, evlilik ilişkisini bilimsel kavramlar ışığında ele almaya hepimizin ihtiyacı var. Hepimiz derken evlenecek kişilerin yanı sıra onların annelerini, babalarını ve yakınlarını kastediyorum. Meslek seçimine odaklanan anne ve babaların,[*] konu çocuklarının eş seçimine gelince kafaları karışık. Kafaları karışık çünkü yoğun bir toplumsal değişim sürecinin içindeyiz ve boşanmaların giderek arttığı ve evli olanların mutluluklarını sorguladığı bir dönem yaşıyoruz.

Evlilik, bazı yapısal farklılıklar gösterse de, tarih boyunca tüm toplumlarda yer almış ve insan hayatını çok temelden etkilemiş bir sosyal kurum. Evlilik ilişkisinde erkek erkekliğini, kadın kadınlığını ve her ikisi de insanlığını keşfetme fırsatına sahip oluyor. Evlilik içinde çocuklar büyüyor, yarının toplumu

---

[*] Çocuklarının meslek seçimiyle ilgili kitap okumak isteyen anne-babalar için Yıldız Hacıevliyagil'in kaleme aldığı, *İşim ve Ben* adlı kitabı öneririm. (Remzi Kitabevi)

böyle oluşuyor. Evliliğin toplumsal ilişkileri ve ekonomik süreçleri düzene sokma gibi bir işlevi de var.

Bu kitapta evliliğin toplumsal ve ekonomik yönlerinden çok, eşlerin hayatında ifade ettiği anlamı araştıracağım. Halk ozanı, Aşık Mahmut Çelikgün,[1] evliliğin anlamını mısralara şöyle dökmüş:

> *Huzur bulur yalnızlıktan ağlayan*
> *Yoldaş olur bir yastığa baş koyan*
> *İnsanları bu hayata bağlayan*
> *Aşk sazının bir telidir, evlilik...*

Tek başına rahat bir yaşamı olduğu halde evlenme gereksinimi hisseden bir erkek okurum, evlilik konusundaki olumlu beklentilerini şöyle yazmış:

> *Benim evlilikten birinci beklentim tamamlanmış hissetmek. Bir erkek olarak bir kadının sesinin, kokusunun, varlığının etrafımda olması gerektiğini hissediyorum. Mutluyum ama hep bir eksiklik hissediyorum. Pikniğe götüreceğim, derslerine yardım edeceğim, sabahları okula bırakacağım, hafta sonu parka götüreceğim, nasihat vereceğim çocuklarımın olmasını istiyorum. Bunların hepsini birlikte arkadaşça paylaşarak, severek, birlikte hissederek yapabileceğim bir eşimin olmasını...*

Evlilik deyince korkan ve irkilenler de var. Bazen bu korku, daha evlenmeden, çevresindeki başarısız evlilikleri görmekten kaynaklanıyor. Karşılaşılabilecek bu olumsuz örneklerin belki de en çarpıcısı, kişinin kendi ailesi içinde anne-babasının evliliği olabiliyor. Genç bir kadın okurum, yazdığı mektupta kaygısını, korkusunu şöyle dile getirmiş:

Ben 23 yaşındayım. Bir evlilik yaşamadım, ama anne ve babamın evliliklerine yıllardır şahit oldum. Ve bu beni kendi yapacağım evlilikle ilgili çok kaygılandırıyor. Babamın anneme değer vermemesi, onu ve onun fikirlerini ciddiye bile almıyor oluşu...

Evlilik deyince ne yazık ki ilk aklıma gelenler bunlar. Eşler birbirine nasıl davranmalı? İyi baba olmak ve iyi eş olmak arasında bir ilişki var mı? Gerçekten evlilik ne? Neden yapılmalı? Sevgi mi önceliklidir bir evlilikte, saygı mı? Bir insanı sevdiğiniz için mi eş olursunuz, yoksa eş olduğunuz insanı mı seversiniz?

Bu sorgulamaların altında kaygılar, korkular, tedirginlikler var. Tedirginlikler var, çünkü bu korkular gerçekleşebiliyor! Evliliğinde mutsuz olmuş bir kadın okurum şöyle yazmış:

Dört yıllık bir evliliğim devam etmekte ama sadece adı evlilik... Üç yaşında kızım var, resmen onun için bu çırpınışlarım. Eşim online oyun bağımlısı; bizle hiç mi hiç alakası yok. Bizden kendini soyutladı, işe gidip gelir oyuna oturur...

Ona tamam dedik amenna, yalnız son bir aydır bayağı uzaklaşmıştı, meğer başka bir kadına ilgi duymaya başlamış (Telefonda başka birine anlatırken duydum). İnkâr etti, senin gibi kimse olamaz, falan diyerek bu konuyu kapatmak istedi, ben kapatamadım.

Hiç gücüm kalmadı, 27 yaşındayım ama her sabah uyandığımda bugün de mi yaşıyorum dercesine bir duruyorum...

Bütün çabam kızım için. Sevgi, aşk, saygı hiçbiri yok, çoğu zaman da şiddet uyguluyor. İkimiz de üniversite mezunuyuz. Keşke ilkokul mezunu olsaydık da mutlu olsaydık.

Anlaşılan o ki, evlilik cennet de olabiliyor cehennem de... Bu kitabın amacı, evliliği böylesine zıt kutuplara sürükleyebilecek unsurlar üstüne okuru düşündürmek ve evlilik kararı vermeden önce onu farkındalıklarla donatmak.

Kitap boyunca, yaşadıkları deneyimleri bana aktaran okur mektuplarını kaynak olarak kullanacağım. Bu mektuplar evliliğin bünyesinde var olan dinamikleri yansıtıyor. Aşağıdaki mektup, iki kişi arasında yer aldığını düşündüğümüz evlilik ilişkisinin aslında hiç de öyle olmadığını esprili bir dille anlatmış:

"Evlilik otostopa benziyor!" diye düşünmüştüm ilk aylarında, ilk yıllarında evliliğimin. Bir kişi için duruyorsun, ama arabana 50 kişi doluyor. On sekiz yıl sonra anladım ki bu otostopçulardan hiçbiri bir yere gitmek istemiyor, ama direksiyona geçmeye ÇOK HEVESLİLER. Hatta güzel geçinelim diye sakin uyumlu davranırsanız, yıllar sonra kendinizi arka koltukta sıkışmış buluyorsunuz. Her an kapı açılabilir ve düşebilirsiniz giden araçtan.

Evlilik sadece iki kişinin yaptığı bir yolculuk değil ve araçta çok insan olduğunda gerçekten de "kendinizi arka koltukta sıkışmış bulabilir" ve hatta "her an kapı açılabilir ve araçtan düşebilirsiniz!"

Ne var ki, yaşanabilecek tüm olumsuzluklara rağmen, eşler birbirini anlamanın ve desteklemenin önemini kavrayacak olgunluğa gelmişse, en zor koşullardan bile mutlu bir hikâye oluşabiliyor. Aşağıdaki mektubu yazan okurum, olumlu bir evlilik deneyiminden söz ediyor ve "evlilik bahar demektir" diyor. Ama dikkatle okuduğunuzda, bu evliliğin kötü gidebilecek birçok tehlikeyi de bünyesinde barındırdığını görebilirsiniz. Potansiyel olumsuzluklara rağmen sevgi dolu bir yuvaya dönüşen bu evliliğin temelindeki değerleri görmeye çalışın. Kitap boyunca karı-koca ilişkisinin temelindeki bu değerlerden söz edeceğiz.

Kötüleşen ve daha da kötüye gidebilecek bir yaşamdan kaçış olarak başlayan bir öykü bakın nasıl gelişiyor:

Bana göre evlilik, bahar demektir. Nasıl ki baharın gelmesiyle doğa gözlerini açar ve içinde sakladığı çiçek, böcek, güneş vs. bize sunarsa, işte evlilik de böyle hayatımıza gözlerini açtığı anda mutluluk, huzur, güven, saygı, aşk, evlat gibi tüm hayati değerleri bize sunar.

Herkesin bir umudu vardır... bir kaybedişi... bir de hikâyesi. Benim hikâyem de 16 yaşında evlenmemle başladı. Henüz lise ikinci sınıfa geçmiştim. Artık tamamen cehennem azabına dönen evimizdeki huzursuzluklardan kurtulmam gerekiyordu. Ama nasıl? O yaştaki bir çocuk için ancak birine tutunmaktı çözüm. Ben de öyle yaptım ve aile dostumuzun oğlu ile nişanlandım; ardından okulu bırakıp evlendim.

Bu kısmı tasvip etmiyorum fakat o andaki şartlar altında bunu yapmasam daha kötü sonuçlar alacaktım. Evet evlendim; çocuk gelin oldum o yaşta! Yığınlarca sorumluluk... Maddi sıkıntılar... Ama bunların hepsini bana unutturan eşimin sevgisi ve bana verdiği huzurdu. Ben de bunlara karşılık elimden gelen tüm fedakârlığı yapıyordum.

Çocuk gelin konusu hassas bir konu. Bu kadar erken yaşta evlenmeyi ve evlendirilmeyi onaylamam mümkün değil. Verdiğim bu örnekte küçük kızın evlendiği erkek iyi biri çıkıyor, ama çoğu kez şans herkese bu denli gülmüyor. Genç kız da kendi yaşından umulmadık bir olgunlukla kocasının sevgisi ve verdiği huzuru görebilmiş ve değerini bilmiş.

Biz birbirimize tutunmuştuk ve 17 yaşımda bize tutunmak isteyen yavrumla huzur dolu evimiz cennet bahçesine döndü adeta. Tek sıkıntımız maddiyattı. Her ne kadar dert etmesem de eşim zorlanıyordu. Bir şeyler yapmalıydım, ama nasıl? Kızım daha 1 yaşındaydı, ben ise henüz 18.

Sonunda kızımla çalışabileceğim bir iş buldum: Kreşte aşçılık. Hem yemek yapmayı seviyordum hem kızım gözümün önündeydi, hem de eşimin yükünü az da olsa hafifletmiştim. Çok emek verdiğim bu iş yerinde beş yıl çalıştım ve kızım büyüdü artık.

Yaşam bir ekip işidir. Görüyorsunuz değil mi; mektubu yazan genç kadın, eşinin ve çocuğunun ihtiyaçlarını gören, anlayan ve katkıda bulunmak isteyen bir ekip arkadaşı, yaşam yoldaşı.

Sonrası mı? İşte bundan sonrası tam bir efsane... Sevgili patronum bendeki ışığı görmüş olacak ki zorla beni açık liseye yazdırdı. Özlediğim kitap kokusunun hevesiyle öyle çalıştım ki derslere, iki yıl sonunda aldım diplomamı.

Ancak bu beni mutlu etmeye yetmedi. Eşimle aldığımız ortak kararla işten çıktım ve üniversite sınavına hazırlanmak için dershaneye yazıldım. Bu süre içinde eşimin işinde de düzelmeler oldu. Bir yıllık sıkı çalışmamın sonucunda en sevdiğim bölümü, Türk Dili ve Edebiyatı'nı kazandım.

Okuma hevesim günden güne artıyordu. Eşim ise yemeğimizi, temizliğimizi yaparak, kızımızla ilgilenerek çok büyük destek oluyordu bana. Hayatım dört yıl boyunca okul ev ara-

sında geçti. Uykusuz gecelerim... Kitap başında sabahlamalarım... Vize final streslerim... Diğer yandan kızımı ve eşimi ihmal etmemeye çalışmalarım... Özetle yorucu bir maratondu. Sanırım yazmaya kalksam roman olur ki bunu yapacağım mutlaka bir gün.

Vee sonuç: Geçtiğimiz ay sonunda kepimi gururla atarak okulumdan mezun oldum. Üstelik bölüm birincisi ve fakülte üçüncüsü olarak. Şimdi ise hocalarımın da destekleriyle başvuracağım yüksek lisansın heyecanı içindeyim.

İşte, tutunduk biz eşimle... hayata, birbirimize ve kızıma. Evlilik hayatıma gözlerini açtığı andan itibaren saygı, sevgi, huzur her ne varsa sundu bana.

Herkes benim kadar şanslı değil biliyorum. Bu nedenle Allah'ıma binlerce şükrediyorum. Ve tabi ki koca yürekli adam, eşim... ona da sonsuz teşekkürler. Dilerim herkes doğru yolda, doğru insanlara tutunur.

Bu çiftin ilişkilerinde yaşattıkları değerleri gözlediniz mi? 'Saygı', 'sevgi', 'huzur', 'şükür duygusu'. Yaşam bir ekip işidir ve evlilikte yaşatılan değerler evliliği yuvaya dönüştürür.

Ceyhun Yılmaz şiirinde, karısının ölümüyle ekip arkadaşını yitirmiş birinin duygularını aktarmış:[2]

Hâlâ sen varmışsın gibi
İki yastıkla yatıyorum...
Kimseye söyleme gidişini, ben söylemedim.
Elimde senin siparişin olmayan torbalarla geliyorum eve...
Ağlaya ağlaya öpüyorum yattığın yastığı yorganı...
Sanki beni az önce yolcu etmişsin gibi çıkıyorum
  sokaklara...
Üst komşuya hava atarak, bi fiyaka bi görsen...

Ne garip bu insanlar!
Bütün mahalle, hatta alttaki bakkal bile seni geçen kasım
  öldü sanıyor...
Ne garip bu insanlar!
Hâlâ her sabah bana selam veriliyor...
Sanki yaşıyormuşum gibi...

Doğduğunuz anda yaşam öykünüz oluşmaya başlar. Oluşan bu öyküde siz 'kendiniz olarak' var mısınız? Bunun farkında olmanız çok önemlidir. Öykünüzü kendi seçimlerinizle mi, yoksa başkalarının size biçtiği rollere göre mi oluşturuyorsunuz?

Evlilikte iki farklı öykü bir araya gelir. Bu iki öykü birbirinden bağımsız olarak yaşamaya devam mı edecek, yoksa 'bizim öykümüz' dedikleri yeni bir öykü oluşturabilecekler mi? Evlenenlerden biri kadın diğeri erkektir;[*] ama unutmayalım, her ikisi de insandır ve diğer tüm ilişkilerde olduğu gibi mutlu bir evlilik ilişkisinde de temel olan insan insana iletişimdir.

(*) Değişik ülkelerde farklı uygulamalar, örneğin eşcinsel evlilikler olduğunun farkındayım. Ben bu kitapta Türk Medeni Kanunu'nda tanımlanan evlilik ilişkisinden yola çıkıyorum.

İki İnsan:
Biri Kadın Biri Erkek

Sevmeyene karınca yük,
Sevene filler karınca.
Dağ bile taşır
İnsan âşık olunca!

Şems-i Tebrîzî

Evlilik kurumu, modern hayatın gelişmesiyle birlikte toplumdaki sosyal, ekonomik, teknolojik ve siyasal süreçlerden etkilenerek biçimsel değişikliklere uğrasa da varlığını sürdürmeye devam ediyor. Evet, boşanmalar artıyor, ama boşananların çoğu yeniden evleniyorlar. İstatistiklere göre mutlu evliler, evli olmayanlara kıyasla:
– Daha sağlıklı ve uzun yaşıyor.
– Hayatlarını daha anlamlı ve doyumlu buluyor.
– Daha refah içinde yaşıyor.

İnsanlar yanlış biriyle evlendiklerini düşünerek boşansalar da, evlenecek 'doğru insanı' aramaya devam ediyor ve bulduklarında yeniden evleniyorlar. Öyle görünüyor ki, insanlar var olduğu sürece evlilik de var olmaya devam edecek.

Evlilik, toplumun geleceğine yön veren en önemli ilişki kurumudur ve bu açıdan benzeri yoktur. Her ne kadar geçmişten gelen toplumsal ve ekonomik yönü olsa da, özellikle günümüz koşullarında evlilik sadece yasalarla ve sözleşmelerle yönetilecek bir birlik değildir. Her şeyden önce evliliğin biyolojik bir temeli vardır; biri kadın biri erkek iki farklı cinsiyetin çekimi üzerine kuruludur. O nedenle de cinselliği yok sayan bir evlilik sağlıklı olamaz. Evliliğin hem aklı hem duyguları içeren psikolojik bir yönü de vardır. Akla yatması kadar gönüllere de hitap etmesi gerekir. Ayrıca evliliğin toplumsal ve ekonomik yönleri halen önemlerini korumaktadır ve hesaba katılmalıdır. Hepsi bu mu? Hayır! Evliliğin, aşkınlık olarak tanımlayabileceğiniz manevi bir yönü de vardır. Bu, bireylerin kendilerini aşıp değerler ve inançlar aracılığıyla topluma ve yaşama bağlanmasını sağlar. Ve bu manevi yön çocukların sağlıklı bir toplumun temelini oluşturacak iyi vatandaş olarak yetişmesinde çok önemlidir.

Evet, evlilik biri kadın biri erkek iki insanın kurduğu biyolojik-psikolojik-sosyoekonomik-aşkınlık temelleri olan kendine özgü bir birlikteliktir. Şimdi, bu temelleri tek tek ele alalım.

Biyolojik İnsan

Kadın insan biyolojik olarak dişidir, ama erkeklerle paylaştığı önemli bir insan olma temeli vardır. Erkek insan biyolojik olarak erildir, ama onun da kadınlarla paylaştığı önemli bir insan olma temeli vardır.

Kadın ve erkek beyninin farklı yapıda olduğu ve farklı işlediği fikri yaygın kabul görse de, beynin işlev ve hormonlarının, içinde bulunulan ortama bağlı olarak değişebildiği gözlenmiştir. Dolayısıyla, beynin cinsiyete dayalı olmayan daha esnek bir yapıya sahip olduğu görüşü de destek bulmaktadır. Yine de kadın ve erkek ilişkisinde ortaya çıkan sorunların anlaşılması ve çözüm yollarının belirlenmesi bakımından biyolojik farkları bilmek önemlidir.

Bu biyolojik farklar, hem erkeğin hem de kadının düşünüş ve duyuş tarzını etkiler. Hormonların etkisiyle kadın erkekten ve erkek de kadından farklı duyarlıklar ve beklentiler geliştirir. Ne var ki, ilişki içinde hem kadın hem erkek, birer insan olarak empati gösterebilir, olayları birilerinin gözünden görerek birbirlerini anlayabilirler.

İnsan insana iletişim, evliliğin temelidir.

Psikolojik İnsan

Bu kitabın amacına uygun bir şekilde insanın psikolojik yaşamını zihinsel ve duygusal olarak iki alt başlık altında toplamak istiyorum.

İnsanın zihinsel yaşamı

İnsan algılayan, algıladıklarını ilişkilendirip kavramlar oluşturan, bu kavramları düşünceler içinde konumlandırarak sistemler kuran ve bu düşünce sistemlerini kendisinin ve diğerlerinin yaşam deneyimleriyle kıyaslayarak öğrenen ve gelişen 'akıllı' bir varlıktır. İnsan düşünür. Düşünme, insan doğasının ve insan olmanın bir parçasıdır. İnsanın düşünmesini yasaklarla engellemek mümkün değildir. Yasaklasanız da o yine içten içe algılar, gözlemler, sorgular ve düşünür, ama düşündüklerini paylaşmasına izin verilmediği için bunu saklar, belli etmez.

İnsanın duygusal yaşamı

İnsan sadece algılayan, anlam verip düşünen bir varlık değildir; insan algıladığı, anlam verdiği, düşündüğü her şeyi aynı anda duygularıyla sarıp sarmalar. Evet, insanın algısı ve düşüncesi duygu iklimi içinde oluşur; tüm zihinsel süreçler duygu ve heyecanlarla iç içe gelişir. Bunu en iyi evlilik yaşamında görürüz.

Sosyoekonomik İnsan

Doğası gereği aynı zamanda toplumsal ve ekonomik bir varlık olan insan, toplum içinde yaşarken bir sosyal kimliğe bürünür. Bu kimlik beraberinde ekonomik çağrışımları da taşır. İlk defa karşılaşanlar sık sık "Nerelisiniz?" ve "Ne iş yaparsınız?" diye sorarlar. Bu iki soru da gerçekten önemlidir: Kişinin nereli olduğu, onun gelenek ve görenekleri, ne iş yaptığı da ekonomik statüsü hakkında fikir verir.

Yörelere göre farklılık gösteren renkli ve zengin toplumsal kimliklerimiz vardır. Bu kimliklerle ilgili masallarımız, deyişlerimiz, felsefemiz ve mizahımız gelişmiştir. Ben Çerkezim, Erzurumluyum, Rizeliyim, İzmirliyim, Diyarbakırlıyım, Elazığlıyım, Baskilliyim, Denizliliyim, Arnavutum, Gürcüyüm diyen kişi içinde yetiştiği ailede yaşayan değerler, gelenekler, göreneklerle ilgili önemli sosyal mesajlar verir. Bu durumun artıları ve eksileri vardır. Yöresel farklılıklar bir toplumun sahip olabileceği bir zenginlik olarak da algılanabilir, toplumsal bütünlüğü engelleyen ve ayırımcılığa götüren bir engel olarak da.

Sosyal kimliğin bir yönü de kişinin köy kökenli ya da şehirli olması ile ilgilidir. Köy çocuğu olarak büyümüş birine bakışımız, şehirde apartman çocuğu olarak büyümüş birine bakış tarzımızdan farklıdır. 'Şehir çocuğu' ile 'köy çocuğu' tanımlamaları, farklı bakış tarzlarını, farklı değer sistemlerini çağrıştırır.

Sosyal kimliğin yanı sıra kişinin mesleği, ne iş yaptığı ve ekonomik statüsü de onu tanımlamada önemlidir. Ekonomik statü farklarından doğan çatışmalar Türk filmlerinin senaryolarını bolca beslemiştir; babası fabrikatör olan kız, fakir oğlana âşık olduğunda babasının tepkisiyle karşılaşacaktır.

İnsanın biyolojik ve psikolojik doğası gibi onun sosyoekonomik doğası da evlilikte önemli bir faktördür ve evlilik

öncesi üzerinde hassasiyetle üzerinde durulmalıdır. Dikkate alınmadığında zamanla ilişkide aksaklıklar ortaya çıkabilir. Ama bilinçli bir çift, ortak insan paydasını temel alarak, farklı sosyoekonomik statülerden kaynaklanan sorunların üstesinden gelebilir ve mutlu bir evlilik kurabilir. Bunu başarabilmeleri için iki koşul vardır:
1. Zorluğun önceden farkında olmaları;
2. Birbirlerini suçlamadan müşterek bir gelecek için emek ve zaman vermeye istekli olmaları.

Mutlu bir evlilik önemli bir başarıdır ve kendiliğinden oluşmaz; bilinçli bir gayret gerekir.

Aşkın İnsan

İnsan anlam arayışı içinde olan bir varlıktır ve kendini aşarak inanç ve değerleriyle yaşamında anlam bulur. İlkel ya da gelişmiş olsun, bir inanç sistemine sahip olmayan hiçbir insan topluluğu yoktur.

Maymun gibi gelişmiş memeli hayvanlarda insanlarla ortak biyolojik, psikolojik ve toplumsal özellikler gözlenmesine rağmen aşkınlık olarak adlandırabileceğimiz bir ideoloji, bir inanç ve din olgusuna rastlanmamıştır. Kendini aşma, bir birey olarak kendinin, yaşamının ve bu dünyanın ötesine geçerek varoluşuna anlam verme insana özgü bir özelliktir.

"Ben kimim?", "Niçin varım?", "Hayatımın anlamı ne?" gibi sorular insanın doğuştan getirdiği önemli sorulardır. Tarih boyunca insanlar bu sorulara birey ve toplum olarak farklı cevaplar vermişlerdir. Buldukları cevapları önemsemişler ve bunları temel alan inanç ve değerler üstüne yaşamlarını kurmuşlardır. Yaşadıkları hayatın olabilecek en anlamlı hayat olduğuna inanarak kurdukları düzeni gerektiğinde hayatları pahasına savunmuşlardır.

Evlilik söz konusu olduğu zaman insanın aşkınlık doğası biyolojik, psikolojik, sosyoekonomik doğası kadar, hatta bazı durumlarda hepsinden daha öne çıkarak devreye girer. Aşkınlığının bilincine varmış bir kadın ve bir erkek manevi yaşamlarını evliliklerinin vazgeçilmez bir parçası görürler. Onlar için evlilik sadece kendilerini kapsayan bir BİZ olmaktan çıkar, inanç ve değerleriyle uyum içinde geçmişle geleceği birleştiren ve kendileri kadar ailelerini, dostlarını, tüm insanları, canlıları, evreni kucaklayan bir büyük BİZ'e dönüşür.

Evlilik Deyince Akla Gelen Önemli Sorular

Evlilik deyince akla birçok soru geliyor; ilki şöyle:

– *Evlenmek zorunlu mu? Hiç evlenmeden yaşamak anlamlı bir seçenek değil mi?*

Bu soruya kapsamlı bir cevap vermek için insanın çevresiyle sürekli iletişim kurarak yaşamını sürdüren bir varlık olduğunu dikkate almamız gerekiyor. Kabaca özetleyecek olursak bu iletişimin içinde insanın iki doğası yer alır:

1. Görünen sosyal kimliği,
2. Ancak kendisinin bildiği mahrem iç dünyası, özü.

Kısaca ifade etmek için ben ilkine insanın YÜZ doğası, ikincisine CAN doğası diyeceğim. Sosyoekonomik kimlikleri temel alan YÜZ, toplumsal konumlandırmayı belirler. 'Baba', 'anne', 'çocuk', 'nişanlı', 'öğretmen', 'muhasebeci', 'iş adamı', 'avukat', 'bekâr', 'sözlü', 'evli', 'dul', 'yetim', 'emekli' birer sosyal kimliktir. Her kültür bu sosyal kimliklere birbirinden farklı anlamlar, duygular yükler. İnsanın iç dünyasını temel alan CAN ise insanın evrensel özünü belirler. Yunus Emre'nin, "Bir ben vardır bende benden içeri" sözü bu evrensel özü işaret eder.

Evlilik ilişkisi içinde hem YÜZ hem CAN devreye girer. Yüz girer, çünkü evlenen kişi sadece bir 'birey erkek' ya da 'birey kadın' ile değil, onun sosyoekonomik ilişkiler ağı ile de, yani ailesi, sülalesi, meslektaşları, yöresi, kültürü, mutfağı, folkloru ile de evlenir.

CAN girer, çünkü evlendiği kişi onun hayatının en önemli, en mahrem tanığı olur. Her kadının ve her erkeğin bir eşe, yaşamının en mahrem yönlerini bilen bir tanığa ihtiyacı vardır. Girişte sözünü ettiğimiz olgun erkeğin mektubunu hatırlayın, *"Benim evlilikten birinci beklentim tamamlanmış hissetmek,"* demiş ve *"bir erkek olarak bir kadının sesinin, kokusunun, varlığının etrafımda olması gerektiğini hissediyorum,"* diyerek devam etmişti.

Bir kadının mahrem tanıklığı içinde erkek hem erkekliğini hem de insanlığını keşfetme ve geliştirme olanağına kavuşur. Sevdiği ve değer verdiği kadının bir saniyelik bakışı erkeğe, "sen benim kahramanımsın!" mesajını verirse, erkek o bakışla varoluşunun en anlamlı, en coşkulu anını yaşar. O andan itibaren erkek, o kadın için dağları devirmeye hazırdır. Aynı kadın erkeği başka bir bakışla sıfırlayıp yok edebilir de. Bir bakışla yok edilen erkek, eğer ne olduğunu anlayacak olgunlukta değilse, öyle öfkelenir ki o öfkeyle karşıdakini yok etmek ister.

Erkeğin mahrem tanıklığı da kadının hem kadınlığını hem de insanlığını keşfetmesine ve geliştirmesine yardımcı olur. Erkeğin bir bakışı, o bakışla birlikte verdiği bir çiçek, söylediği bir söz kadını dünyanın en değerli insanı, en özel kadını hissettirir. O kadın artık iyi günlerde, kötü günlerde o erkekle bir ömür boyu birlikte olmak ister.

Victor Hugo, bir şiirinde bakışların gücünü şöyle dile getirmiş;

BAKIŞLAR

Bir bakışın kudreti bin lisanda yoktur
Bir bakış bazen şifa bazen zehirli oktur...
Bir bakış bir âşığa neler neler anlatır
Bir bakış bir âşığı saatlerce ağlatır.
Bir bakış bir âşığı aşkından emin eder
Sevişenler daima gözlerle yemin eder...

Bu en önemli, en mahrem tanık ihtiyacı ömür boyu devam eder, hiç bitmez. Kişinin en mahrem tanığı, onu 'kaale alınan', 'doğal', 'değerli', 'güvenilir', 'sevilmeye layık' ve 'saygı değer' biri olarak görüp ona mutluluk diyarlarının kapılarını açabildiği gibi, onu 'hesaba alınmayan', 'tuhaf', 'değersiz', 'güvenilmez', 'sevilmeye layık olmayan' ve 'saygı değer olmayan' biri olarak görüp cehennemin kapılarını da açabilir.

Bütün bu açıklamalardan sonra aklınıza şöyle bir soru gelebilir:

– *Evlilik kurumuyla gelen 'eş'in yerini bireysel ilişkiler içinde gelişen 'hayat arkadaşı' tutamaz mı? Mahrem tanıklık bir hayat arkadaşının da yapabileceği bir şeydir; evlenmeden birlikte yola devam etmek varken, YÜZ faktörünü de birlikte getiren evliliği seçmenin nedeni ne olabilir? Evlilikte olan YÜZ yararlı bir şey mi?*

Özellikle günümüz gençliğince dile getirilen bu önemli soruların cevabı, toplumsal yaşamın hayatın vazgeçilmez bir parçası olduğu gerçeğinde yatar.

İçinde yaşadığınız toplumdan kendinizi soyutlayarak 'normal bir insan yaşamı' yaşamanız mümkün değildir. Olgun iki insanın takip edeceği yol, birlikteliklerinde YÜZ'den kurtulmak değil, YÜZ içinde boğulmamak olmalıdır. CAN CAN'a ilişkinin getirdiği mahrem tanıklık dünyasını evlilikte inşa etmek mümkündür. Nasıl mümkündür? Kitabın tümü bu soruya cevap vermek için yazılmıştır.

Harvard Üniversitesi'nde 1938 yılında başlayan ve halen devam eden bir araştırma var.[3] Bu araştırma "İnsan hayatını anlamlı kılan nedir, sağlıklı ve mutlu bir yaşam için neler önemlidir?" soruların cevabını bulmak için 724 erkek üzerinde başlatılmış ve halen hayatta olan on dokuz katılımcıyla devam ediyor. Bütün veriler analiz edilip incelendiğinde ortaya şu gerçekler çıkıyor:

- Anlamlı, sağlıklı ve mutlu bir yaşam için en önemli şey, insanın içinde yer aldığı yakın ilişkilerdir. Bu ilişkilerin en önemlisi de aile içinde kurulan karı-koca-anne-baba-çocuk ilişkisidir. Kişinin sosyoekonomik mevkii ve maddi refahı ise anlamlı ve sağlıklı bir yaşam için önemli bir etken olarak kendini göstermemiştir. Ailesinden, muhitinden, arkadaş ve dostlarından koparak yalnızlaşan insanlar anlamsız, sağlıksız ve mutsuz bir yaşam sürdürmektedirler. Yalnızlığın zehirleyici bir etkisi vardır ve yalnızlık insanı hasta edip erken öldürmektedir.

- İlişki sayısından çok ilişkinin anlamı önemlidir; insan kalabalık içinde de kendini yalnız hissedebilmektedir. Kendi kavramlarını kullanarak ifade edersem, sosyal kimliklerin önde olduğu 'YÜZ baskın ilişkiler içinde', CAN kendini yalnız hisseder. CAN CAN'a ilişkiler sağlık ve mutluluğun kaynağıdır. Birbirini sevmeyen ve sürekli kavga eden eşlerin sürdürdüğü bir evlilik, onların sağlığına boşanmaktan daha çok zarar verir.

Akla gelen bir başka soru da şu:

– *Evlenme iki kişi arasında verilen bir sözdür. Birbirini severek evlenmek, mutlu bir evlilik için yetmez mi? Evlenen kişiler birbirlerinin ailelerini de işin içine sokarak ilişkilerini niye zorlaştırırlar?*

Bireyselliğin ön plana çıktığı toplumlarda aile ilişkileri bizdeki kadar önemsenmeyebilir, ama ait olma yönünün baskın olduğu toplumumuzda aile önemlidir ve evlilikte ister istemez devreye girer. Sadece bir 'birey' erkek ya da 'birey' kadın ile evlenmiyorsunuz; eşiniz olacak kişinin toplumsal ilişkileri ile de, yani ailesi, arkadaşları, dostları, çevresi, yöresi, kültürü, mutfağı, folkloru, gelenek görenekleri ile de evleniyorsunuz.

"Birbirimizi tanıyalım, birbirimiz için uygun insanlar mıyız, farkına varalım" amaçlı evlenme öncesi temaslar, buluşmalar, bizim toplumda gizli kapaklı yapılır. O zaman da taraflar birbirlerinin ailelerini gerçekten tanıma olanağı bulamazlar. Evlenmeden önce aralarında oluşturdukları ilişki pek güzel giderken, evlendikten sonra bir bakarsınız, tepe taklak olmuş, yürümüyor. İkisi de şaşkın ve birbirlerine öfkeli!

Evlenmeden önce müstakbel eşinizin ailesini tanımak ve ailelerle ilişki konusunu onunla açık seçik konuşmak, ilişkinin geleceği açısından mutlaka yapılması gereken şeylerdir.

Bir okurum şöyle yazmış:

Bizim oralarda, eşimizin ailesiyle anlaşabiliyor muyuz, bu çok önemli. Farklı bir ortamda tanışsaydık onlarla yine görüşür müydük? Eşlerimizin ailelerini çoğu zaman kendi ailelerimizden daha çok görüyoruz ve birçok evliliğin sonlanmasının en büyük sebebi aileler oluyor.

Deneyimli bir ev kadını kendi evliliğine bakarak şu gözlemde bulunuyor:

Evlilik aslında sadece iki kişiymiş gibi başlayan, ama özünde çoklu bir ilişki. Bir kere şunu kabul edelim, eşimizin de bir ailesi var ve tabii ki bizim de. Demek istediğim onlar da bir anne-babanın en değerli varlığı, bizler de... Evlenince şunu fark ettim ki eşlerin birbirine duyduğu saygı ve sevgiyi birbirlerinin ailelerine de gösterebilmeleri gerekir. Çünkü iki gönül bir olunca samanlık seyran olur sözü evlilik için geçerli değildir.

Mektuplarda ifade edilen fikirler yaşanmışlıkların sonucu oluşmuş deneyimleri ifade ediyor. Bu açıdan, ciddiye alınması gereken önemli bilimsel veriler sunduklarını düşünüyorum. Evet, yeniden altını çizerek tekrarlıyorum; evlenmeden önce geçen zaman içinde müstakbel eşin ailesini, onların kültürlerini ve o kültür içinde oluşan beklentilerini tanımak önemlidir. Buna önem vermemiş bir kadın okurumun mektubu ortaya çıkacak sorunları açık seçik gösteriyor.

Henüz 10 aylık evliyim, eşimi ise 3 yıldır tanıyorum. Aşk evliliği yaptık. Ben bir eğitimciyim, eşim diş hekimi. Evlenmeden önce mutlu bir birlikteliğimiz vardı. Birlikte vakit geçirmekten, birbirimizin sosyal ortamlarında bulunmaktan zevk alırdık.

Ancak evlenmeden bir yıl öncesinde eşim evlenmek istediğimizi ailesine açıkladığında ailesi karşı çıkmış ve biraz kırgınlıklarımız oluşmuştu. Yine de üzerinden bir yıl geçtikten sonra eşim evlenme teklifinde bulundu. Maalesef ben de pek sağlıklı bir aile hayatında büyümemiştim; bu yüzden kendi ailevi sorunlarım olmasına rağmen evlenmeyi başardık.

Ancak evlendiğim günden beri eşimle hiç huzurum yok. Ailesi en başından beri benden haz etmiyor. İlk başlarda sürekli annesinin bana laf sokmalarıyla uğraşıyordum. Sonraları her ay 3-5 günlüğüne memleketlerinden gelip bizde kalmaya başladılar.

Yeni evli olmamıza rağmen baş başa geçirmek isteyebileceğimiz vakitleri bizden çalmaya başladılar. Sadece gelip uslu edepli bir şekilde otursalar bu kadar canımı sıkmazdım, ancak her gelişlerinde evimin düzenini değiştirmeye başladılar.

Bu geliş gidişlerden ve evimdeki "ikinci kadın" oluşumdan rahatsız olduğumu eşime anlatmak zorunda kaldığımda en büyük hayal kırıklığını yaşadım. Çünkü eşim ailesine çok düşkün olduğundan benim bahsettiğim her şeyin düşündüğüm gibi olmadığını ifade etmeye başladı.

Eşimle baş başayken çok huzurlu bir çift oluyoruz, ancak eşimin ailesi işin içine girdiğinde sürekli birbirimizi ve ilişkimizi hırpalıyoruz. Ailesiyle görüşeceğimiz vakitler benim için işkenceye dönüşüyor. Deniz kıyısında yaşıyorlar; oraya tatile gitmek birçok kişi için "deniz, kum, güneş" demekken benim için tam bir depresyon.

28 yaşında bir kadınım ve eşimin ailesi benim kılığıma kıyafetime müdahale edecek kadar hadsizleşmeye başladı. En son eşimle kendi odamızda tartıştık bu konu yüzünden. 28 yaşındaki eğitimci bir kadının nerede nasıl giyineceğine kendisinin karar verebileceğini düzgün bir dille ifade etmeye çalışsam da bu da kavgaya dönüştü. Eşimle ilişkimiz o kadar yıprandı ki artık boşanmayı düşünüyorum. En üzücü kısmı da onu ne kadar çok sevdiğimi ve onun da beni ne kadar sevdiğini bilmem. Eşimin ailesi bizi mahvetti.

Onu kaybetmek çok canımı yakacak biliyorum. "Acaba ölsem mi," diyorum, ama bu işi yapacak kudreti de kendimde bulamıyorum.

Evlilik çok yönlü karmaşık bir ilişki. Okuduğunuz mektupta yalnız karı-koca arasındaki ilişkiyle değil, ebeveynlerin çocuklarının evliliğine bakış tarzıyla da ilgili konuşulacak çok şey var. Kitabın ikinci ve üçüncü bölümlerinde kız ve oğlan tarafının farkında olması gereken yönlerden de bahsedeceğim.

'İki iyi insan birbirini bulup evlenirse, bir yolunu bulur mutlu bir evlilik kurarlar,' anlayışının çevremde sık sık dile getirildiğini duydum. Şimdi bu konuyu ele almak istiyorum. Şöyle sorayım:

– *İki iyi insan kötü bir evlilik yapabilir mi?*

Tereddütsüz, "Evet, iki iyi insan kötü bir evlilik yapabilir," diyorum. Ben iyi bir insandım ve evlendiğim Amerikalı eşim Emily kesinlikle çok iyi bir insandı. Ama biz kötü bir evlilik yaptık. Ben 'Silifke kültürünün iyi insanı,' Emily de 'Kaliforniya kültürünün iyi insanı' idi. 'İyi insan olmak' ile, 'evlilik yapma olgunluğuna sahip olmak' aynı şeyler değildir. Kitap boyunca evlilik olgunluğuna gelmiş olmanın anlamı üzerinde konuşacağım, örnekler vereceğim, uygulamalar yapacağız. "Ben iyi bir insanım, iyi bir insanla evlenir ve mutlu bir evlilik kurarım," düşüncesi sağlıklı, gerçekçi bir düşünce değildir. Böyle bir yaklaşım birçok gizli tehlikeleri beraberinde getirebilir. Bu gizli tehlikelerden kitabın gelecek sayfalarında söz edeceğiz. Hayatın en önemli kararı olan "kiminle evleneceğim" kararını vermeden önce insanın hem kendini hem de evleneceği kişiyi biyolojisiyle, zihniyle, duygularıyla, sosyoekonomik durumuyla ve aşkınlığıyla tanıması gerekir.

Sizi kitabın tümüne hazırlaması bakımından aşağıdaki soruyu da önemli görüyorum:

– *Çiftler evliliklerini kendilerine göre inşa edebilirler mi, yoksa evlilik, bireylerden bağımsız, herkesin uyması gereken kurallara sahip bir kurum mu?*

Evlilik çiftlerin kendilerini kendileri olarak ifade edebilecekleri bir 'CAN alanı' oluşturmalarına imkân verir; ama aynı zamanda o toplumun, o kültürün bir parçası oldukları için uymaları gereken toplumsal kuralları içeren bir 'YÜZ alanı' da getirir. Kişiliklerini bulmuş, kültür robotu olmanın ötesine geçmiş insanların evliliklerinde kendilerine özgü oluşturdukları CAN alanı geniş, ferahtır. Evlerindeki oturma odasını aynı zamanda misafir odası olarak görürler ve hayatlarının büyük bir kısmını orada kendi istedikleri gibi geçirirler. Sosyal kimlikleri baskın insanların evliliğinde ise YÜZ alanı geniştir. Oturma odası ayrı, misafir odası ayrıdır. Bu misafir odası evin en büyük odasıdır ve kapısı ancak misafir gelince açılır. CAN alanı ve YÜZ alanı dengesi evlilikte önemlidir. Kitap boyunca bu iki alandan söz edeceğiz.

Şimdi de aklınıza şöyle bir soru gelmiştir:
– *Anlamlı, sağlıklı ve mutlu bir evlilik mümkün mü?*
Evet, mümkün. Mümkün olduğu için bu kitabı yazıyorum. Evlilik anlamını hem YÜZ'de, hem de CAN'da bulmalı. YÜZ baskın evliliklerde CAN kendini yalnız hisseder. Bu tür evliliklerde mutluluk yoktur; evlilik çekilmesi gereken bir çiledir.

Sadece CAN odaklı, kendi içine kapanık bir evlilik de 'şizofrenik bir evlilik' haline dönüşür. Sağlıklı evlilik, içinde yer aldığı toplumla ilişkisini devam ettiren evliliktir.

Tıpkı biyolojik bedenin sağlıklı olabilmesi için değişik türden gıdalara, minerallere, vitaminlere ve enzimlere ihtiyacı olması gibi anlamlı, sağlıklı ve mutlu bir evliliğin de kendine özgü karşılanması gereken hem CAN hem de YÜZ ihtiyaçları vardır. Kitap boyunca anlamlı, sağlıklı ve mutlu bir evlilik için nelerin farkında olmamız gerektiğini örnekler, uygulamalar ve tartışmalarla belirteceğiz.

Aşağıdaki mektubu okurken çiftin yaşadığı zorlukları göreceksiniz. Ne var ki bu zorluklar ilişkiyi zayıflatacağına güçlendirmiş. İlişkiyi güçlendirmiş çünkü iki CAN tam bir ekip olmuş ve doğan bebekleri de bu ekibe katılmış. Uzun mektubu özetleyerek veriyorum:

2005 senesinde evlendik. Eşimi çok seviyorum hatta etrafımdakiler çok kocacı diyor bana. Evet hep öyle oldum. Fakat tüm duygularım karşılıklı diye düşünüyorum. Eşim... Eş kelimesi sanki bizim için bulunmuş gibi.

Evlendikten bir ay sonra hamile kaldım, ilk bebeğimizi beklemeye başladık. İkimiz de çok çocuk istiyorduk, nasip oldu. Bir oğlumuz oldu. Eşim asker. O zamanlar Diyarbakır'dayız. Zor günlerdi, kulağım hep telefondaydı ama ne eşim bana, ne ben ona hiç hissettirmezdik içimizdeki endişe ve telaşlarımızı. O büyük bir özveri ile bizi kısıtlı imkânlara rağmen mutlu etmeye çalışırdı, biz de onu.

Derken ikinci çocuğumuz doğdu, birinci çocuğumuz 17 aylıkken. Zor bir bebekti. Eşim okuldan gelene kadar kucağımdan inmezdi. Diğer oğlum da küçük abiydi, bana üzülürdü sanki, 2.5 yaşında. Eşim eve döndüğünde bebeği kucağımdan alırdı sağ olsun, ama ne mümkün huysuzdu afacan, durmazdı ki babasında. Akşam olmuş, bir kaşık yemek yok, yapamamışım. Hemen mutfağa koşardım. Küçük bey kızıl kıyamet. Eşim sağ olsun, kucağında bebekle gelirdi yanı-

ma; ben yemek yapardım oğlumun eli omuzumda. Mutfakta üçüz şekilde dolaşırdık.

Derken İzmir'e tayin olduk. Yeni bir başlangıçtı sanki. Tüm dağınıklık ve eskilerden kurtulma vaktiydi. Huysuz 2 numaramızın tüm küçük kıyafetlerini poşetlere koyup kapının önüne bıraktım. Eşim mesaiden geldi. Poşetlerin ne olduğunu sordu, söyledim. İnanır mısınız oturup ağladı. Bir daha çocuğumuz olmayacak mı, diye. Çünkü aslında ikimiz de çok çocuk istiyorduk. Kimi siyasi yaklaştı bu tutumumuza, kimi deli dedi bize. Kıyamadım öyle görünce. Çok istiyordu üçüncü çocuğu. Çok seviyorum eşimi, dayanamadım ona. İkinci çocuğumuz 3 yaşındayken, üçüncü çocuğumuz dünyaya geldi.

Çok tatlı bir bebekti. Sanki olgunlaşıyorduk. Gece bebek hık dese, hiç üşenmeden kalkıyordum, mık dese kalkıyordum. Eşim bunu fedakârlık olarak görüyordu. O bana, ben ona kıyamıyor, birbirimizin zorlandığını düşündüğümüz yerde müdahale ediyorduk ki hiç zorlanmıyorduk bile.

Eşimle olan bağımız 4. çocuğumuzla daha da kuvvetlendi. Evet hocam. Ankara'ya tayinimiz çıktı ve 4. çocuğumuz da burada dünyaya geldi.

Dört çocuklu ve şikâyet yok! Çünkü iki CAN el ele vermişler güçlü bir yaşam ekibi oluşturmuşlar. Bir başkasının şikâyet ederek anlatacağı konuları o şükrederek anlatıyor. Elinizdeki kitap umarım sizin çocuklarınızın da mutlu bir yuvada büyümesine vesile olur.

İKİNCİ BÖLÜM

Kendini Tanımayan Dengini Zor Bulur

*Biz kendimiz olmadan,
sahip olduğumuz hiçbir şey
gerçek anlamını bulamaz!*

DC

Kiminle evleneceğinize karar vermeden önce kendinizi tanımanız, yaşamınızı etkilemiş olan güçlerin farkında olmanız önemli. İnsanı tanımlama biçimimiz, son dönemlerde teknolojide yaşadığımız türden, ciddi bir değişim geçiriyor. Geleneksel olarak, "nerelisin", "kimlerdensin" gibi sorularla, kişiyi ait olduğu gruplar üzerinden tanımlama şeklimizden, bireysel düşünce ve değerleriyle tanımlamaya geçiş içindeyiz.

Bireyselleşme süreci hayatımızın her yönünü etkiliyor. Kiminle evleneceğimize karar verişimizi de! Biz birey olarak kendimizi nasıl tanımlıyoruz ve evleneceğimiz kişi kendisini nasıl tanımlıyor? Bu soruların yanıtı her birimizin içinde yetiştiği ve kendini güvende hissettiği sosyal ortama bağlı olarak değişir.

Kendini Güvende Hissetmenin İki Yolu

Tüm canlılarda olduğu gibi insanoğlunun da en önemli ihtiyacı 'güven içinde olmak'tır. Tehlike yoksa, güven vardır.

Çocuk kendini tehlikede hissettiği zaman annesinin babasının kucağına sığınır. Aşiret kültüründe aşiret reisi koruyucudur ve kendini tehlikede hisseden ona sığınır. Çağdaş toplumda vatandaş kendini tehlikede hissettiği zaman devletin polisine ve adaletine sığınır.

İster ailede, ister aşirette, ister devlette olsun, güveni sağlamak için insanlık tarih boyunca iki anlam verme sistemi, iki kültür geliştirmiştir:

1. Denetim Odaklı *Korku Kültürü,*
2. Gelişim Odaklı *Değerler Kültürü.*

Denetim Odaklı Korku Kültürü insanlık tarihi kadar eskidir ve gücünü korkudan alır. Ailede güveni sağlayan kişi en güçlüdür, herkesi denetler ve kendinden korkulmasını bekler. Çatık kaşlı, asık suratlıdır. "BEN bilirim," der ve herkesin "evet, siz bilirsiniz," demesini bekler.

Aşağıda bazı bölümlerini paylaştığım mektubu içim yanarak okudum. Tümünü sizinle paylaşmaya içim el vermiyor. Okurumun yazmış oldukları, Korku Kültürü'nün hakim olduğu bir toplumda doğan ve evlilik yapan genç bir kızın dramını belgeliyor. Bu anlatılanlar mümkün mü, gerçekten böyle yaşamlar olabilir mi, diye düşünebilirsiniz. Ama ne yazık ki, bu durum çok yaygın.

Altı yıllık evliliğinde 4 çocuk doğurmuş ve dördüncü çocuğunun doğumundan sonra 26 yaşında vefat etmiş annenin sağ kalan tek çocuğuyum ben. Bir tek ben yaşamışım. Babam annemin ölümünün ikinci ayında tekrar evlendi. Dört yaşımda kalça çıkıklığı nedeniyle 9 ay boyunca koltuk altımdan ayakucuma kadar alçıda kaldım ve annem öldüğünde alçıdaydım. "Hamile hamile seni alçılı halinle taşıdı; dayanama-

dı öldü," dedi büyüklerim. Yıllarca annemi ben öldürdüm, diye ağladım.

Evet, söylerler. Küçük çocuğa, "Hamile hamile seni alçılı halinle taşıdı; dayanamadı öldü," derler. Çünkü Korku Kültürü'nde halden anlama, empati bir değer olarak yer almaz. Niçin yer almaz? Çünkü halden anlayan biri, korkulacak kişi olmaktan çıkar, yani gücünü kaybeder.

Üvey anne ve onun sözleriyle hareket eden bir baba ile büyüdüm. Her şey yasaktı bana; evden çıkmak, arkadaşlarla görüşmek, kitap okumak hepsi yasak. Ev işleri, kardeşlerime bakmak ve çeyiz hazırlamak dışında... Evde ne olsa benim suçumdu ve dayak yerdim. Bir gün, yine suçum neydi hatırlamıyorum, üvey annemle babam beni ortalarına almışlar sırayla bağırıyorlardı. "İlk gelen dünürcüye vereceğim, gitsin de kurtulayım!" dedi babam. O an karar verdim ve ilk gelen dünürcüye gittim. Babam fikrini değiştirmiş ve küçüğüm diye vermek istememişti, ama ben gittim. 16 yaşımda nişanlandım, 17 yaşımda evlendim.

Evleneceğim adamı tanımıyordum, ama annesini çok sevmiştim. Kadın güldükçe içimde baharlar açıyordu.

İç çocuğu utanca boğulmuş, dayakla büyümüş bir genç kızın ruhunun beslendiği tek kaynak; "Kadın güldükçe içimde baharlar açıyordu," olmuştu.

Evlendiğim kişi zengin fakat otoriter bir babanın oğluydu. Babasının işyerinde çalışıyordu. İlk zamanlar öksüz yetim gelin olarak ailesi beni çok sevdi, sonra "iyi insan olsa ailesi sahip çıkardı"ya döndüm. Öyle dediler.

Korku Kültürü'nde birey ancak ilişkileriyle değer kazanır. Ailesi sahip çıkmayan birinin değeri yoktur; ona değer verirsen sen kendi değerinden, gücünden kaybedersin. Dikkat edin, Korku Kültürü'nün tüm unsurları yavaş yavaş sahnede yerini alıyor: Mektubun tümünü okuyunca anlıyorum ki, oğlan babasından korkuyor! Yani ezilmiş; iç çocuğu utanca boğulmuş. Bu ne demek? İlk fırsatta o da babası gibi ezeceği birini arayacak ve onu ezerek kendini önemli hissedecek.

18 yaşımda anne oldum. İlkokuldayken "İyi ki annen ölmüş," diyen Zeynep isimli arkadaşım yüzünden tüm Zeynep'lerden nefret etmiştim ama kayınvalidem onca ağlayıp yalvarmama rağmen kızımın ismini Zeynep koydu. Seviyormuş Zeynep ismini. 6 yaşına kadar kızıma ismiyle hitap edemedim. İnat değil, ama diyemedim işte.

"Kayınvalidem onca ağlayıp yalvarmama rağmen kızımın ismini Zeynep koydu. Seviyormuş Zeynep ismini." Kızın, bebeğin annesi olması, kayınvalidenin umurunda değil. Korku Kültürü içinde güçlü olan o ve onun dediği olacak.

Kızımın babası içki içen, ilgisiz, şiddet sever bir adamdı. Hamileyken bile dayak yemiştim. "Kimin var senin," diyordu. "Kimin var"... "Kimsem yoksa Allah'ım var," demiştim bir defasında. Zaten gözlerinde babamın gözlerini görüyordum sanki ve korkardım babamdan çok. Hafta sonları bile sabah çıkar gece gelirdi eve. Sorumsuzluklarından yıldığım bir gece çocuğumu kucağıma alıp kayınpederime şikâyet etmeye gitmiştim, "Kadın ol da kocanı evde tut," demişti bana. Yaşamaya aç hevesleri çok olan bir koca nasıl evde tutulur bilmiyordum ki hocam.

Bir insanın yaşamında Korku Kültürü'nün sahne sahne öykülerini görüyorsunuz. "Kimin var senin!"... Tek başına, arkanda birileri olmadan bir değer ifade edemezsin. Ve bir değer ifade etmediğin için, mutlu ya da perişan olmuşsun, kimse seni umursamaz! Sen bir kadınsın ve görevin kocanı mutlu etmek. Kadın ol ve kocanı mutlu et! Ve bütün bunlarla baş etmesi gereken, dayakla büyütülmüş, korkutulmuş, ruhu boğulmuş, iç çocuğu utanca boğulmuş 18 yaşında bir kadın! Ve onu anlayacak, anlamak isteyecek hiç kimsesi yok!

Elimden geleni yaptım ben. Ters ilişkiye meraklıydı, sen izin vermezsen başkasına giderim demişti de kabul etmek zorunda kalmıştım bir keresinde. Canım acıya acıya yeri yumruklamama ve ağlamama rağmen işini bitirmişti.

Bir gece yine müthiş dayak yedim. Paraya ihtiyacı varmış cep telefonumu satacakmış. Öfkeyle telefonumu yere attı, sonra dağılan telefonu toplamamı istedi. Topladım, çalışmıyordu. "Yarın bu telefonu sağlam getireceksin ya da para getireceksin, yoksa gelme öldürürüm seni. Nerden bulursan bul, git kendini sat, o para gelecek!" dedi, dayağa devam. Bir ara üstüme oturdu, suratıma attığı tokatlardan sonra boğazımı sıktı.

Oh dedim bitiyor şükür.

Nefes alamayınca rengim değişmiş olmalı ki bıraktı. Sonra "soyun" faslı başladı. "Sen benim altıma yatmak zorunda değilsin giyin!" Birkaç defa sürdü bu soyun giyin, soyun giyin.

En son, tuvalete gitmem lazım, dedim ve tuvalette oturup sızmasını bekledim.

O gece eşyalarımı toplamaya başladım ve sabah onu işe gönderdikten sonra ben de işyerimden izin alarak ev buldum, birkaç eşya alarak evden gittim.

Önce beni aradı, nerdesin diye. "Seni dinledim," dedim. "O parayı bulamayacağım için gelmedim." "Eve dön öldürürüm seni," dedi. Babama haber vermiş. Babam aradı, çok affedersiniz, "Orospu mu olcan, ya kocanın evine ya benim evime! Yoksa öldürürüm seni," dedi.

Şimdi bu mektubu okurken ve size bu satırları aktarırken içimde oluşan iki güçlü duygunun farkındayım! Bu duygulardan biri öfke, diğeri de hüzün. Bu insanlar bir kadını ne hale getirdiklerinin neden farkında değiller ve bu kadar insafsızlığı rahatlıkla yapabilecek hayat anlayışının kaynağını nereden buluyorlar? Nasıl oluyor da bir baba kızının tüm acılarına kayıtsız kalabiliyor ve kızına işkence yapan kocası o kızın babasına telefon edip, "Kızın evden ayrıldı, ona bir şey söyle!" diyebilme hakkını kendinde görüyor? Ve 'baba' denen o adam, nasıl oluyor da kızını böylesine dayanılmaz bir ortama dönmeye zorluyor ve aksi takdirde öldürmekle tehdit ediyor. Müthiş bir öfke var içimde!

Evet, sadece öfkeli değil, aynı zamanda hüzünlüyüm. Bu, çok derinlerde kaynağını bulan bir hüzün. Neden hüzünlüyüm? Öyküde yer alan erkekler insanlıklarını kaybettiklerinin, insan olarak kendilerini yok ettiklerinin, farkında bile değiller.

Peki, niçin değiller? Çünkü kendilerini yöneten şablonların, nesiller boyu dededen babaya ve babadan oğula (kadınların yardımıyla) aktarıldığını anlamamışlar. Korku Kültürü'nün birer robotu olduklarını, yaptıkları şeylerin onları insan olmanın özünden uzaklaştırdığını bilmiyorlar. Bu erkekler, kendi hayatlarını çöplüğe dönüştürdüklerinin, hayatlarının muhteşem potansiyel zenginliğini kendilerinden çaldıklarının farkında değiller. Hüzünleniyorum çünkü, ben bu satırları yazar ve siz bu satırları okurken koca bir toplumsal fabrika bu erkek türünden bol miktarda imal etmeye devam ediyor.

Dinlemedim. Tehditlere rağmen kaçak ve korku dolu günler sonrası bir avukat buldum, anlattım her şeyi. En son para konusunu konuşunca anlaşamadık; pahalı gelmişti. Başka bir avukatla anlaşarak dava açtım. İlk duruşmada başta anlaşamadığım o avukatı karşı tarafın avukatı olarak görünce yıkılmıştım.

Ama boşandım. 1990 yılında başlayan evliliğim 1999 yılının Aralık ayında bitti. Ben 26 yaşımda 8 yaşında çocuk annesi olarak dul kalmıştım.

Boşandıktan sonra hem çalışıp evimin geçimini hem de kızımın ihtiyaçlarını sağlayarak, dışardan ortaokulu, liseyi bitirdim. Sonra da ön lisans okudum ve lisans tamamlıyorum. Bir ay sonra mezun olacağım inşallah :)

Ya batarım ya çıkarım diyerek, sekiz yıl önce İstanbul'a geldik; 8 yıldır İstanbul'da yaşıyoruz. Kızım üniversiteyi bitirdi, iş hayatına başladı da şükür nefes aldım biraz. Bu arada yaratıcı drama eğitimi aldım, satranç antrenörü oldum. İki yıldır kendimi bulma yolculuğumdayım; iyiyim şükür. Evliliğe karşı değilim; koca değil hayat arkadaşı istediğim için halen bekârım :)

Acılarla dolu bir yaşam öyküsünü anlatan bu uzun mektup umut veren bir geleceğe işaret ederek şöyle bitiyor:

Uzatıp çok vaktinizi almamak için olabildiğince özet yapmaya çalıştım. Satır araları o kadar uzun ve yorucu ki...

Aslında ben de yaşadıklarımı kitap yapmak istiyorum. Yoktan tırnaklarımla kazıyarak var ettiğim bir hayatı ve ka-

dınların asla çaresiz olmadıklarını, isterlerse mutlaka başarabileceklerini anlatmak amacıyla.
Kim bilir hocam, kısmet olur belki bir gün.
Son olarak hocam: Babam üç yıl evvel bana küs öldü. Boşanınca yanına dönmeyişimi affedemeyerek. Bir gün ona kendimi ifade edebileceğim inancımı da yanında götürdü. O da ayrı bir travma. Ayaktayım şükür dimdik ve hayallerimin peşinde. Arada bocalasam da düşmeyerek.

Umarım kitabını yazar. Umarım ben hayatta olur ve onun yazdığı kitabı okurum ve siz okurlarıma Facebook ve Instagram sayfalarımdan duyururum.

Korku Kültürü içinde büyüyüp de kendini bu cehennemden kurtarmayı başaranlar benim gözümde gizli kahramanlar. Ve bu kahramanlara sadece aile içinde değil, korku ile yönetilen bütün kurumlarda ihtiyaç var. Bir iş kurumu, hastane, belediye, devlet dairesi ya da banka şubesi Korku Kültürü'yle yönetiliyorsa, o kurum içinde makam yükseldikçe, kişinin korkutuculuğu ve suratının asıklığı artar. Çatık kaşlı, asık suratlı 'komutan', "BEN bilirim; sözümden dışarı çıkmayın" edasıyla yürür, bakar, konuşur. Korku Kültürü'nün yöneticisi, çalışanın kendisinden korkmasını bekler.

Korku Kültürü'nde yetişen birey için yaşamın temel cümlesi şudur: "Güvende olmak istiyorsan, ya diğerlerinden güçlü ol ya da senden güçlü birinin kanadının altına sığın!" Güçlü kişi "BEN bilirim, her zaman haklıyım, sözümü dinleyin," der ve diğerlerinin davranışını denetleme hakkını kendinde görür. Bu toplumlarda, kişinin güçlü olanla yakınlığını ifade eden 'yeğeni', 'amcası', 'dayısı', 'hemşerisi' gibi kimlikler, liyakatin önüne geçer.

İnsanlık tarihinde son üç yüz yıldır yavaş yavaş gelişen bir başka kültür var. Evet, güveni sağlamanın bu ikinci yolu, Gelişim Odaklı Değerler Kültürü'dür. Bu kültür, gücünü ve anlamını paylaşılan değerlerden alır.[4] Ailede güveni sağlayan, otoriter bir kişi değil, paylaşılan adil ortamdır. Bu adil ortam, 'saygı', 'sevgi', 'halden anlama', 'dürüstlük', 'şeffaflık' ve 'işbirliği' gibi BİZ bilincini geliştiren değerler üzerine kurulmuştur. Bu değerleri yaşamak ve yaşatmak herkesin sorumluluğudur.

Değerler Kültürü'nde, 'BEN bilirim' yerine 'BİZ, benden daha iyi bilir' anlayışı yaygındır. Demokrasi de bu ilke üzerine kurulmuştur. Hastane, belediye, devlet dairesi, ya da iş kurumlarında yöneticiler güçlerini ortak değerlerden alırlar; o nedenle yönetici çatık kaşı ve asık suratıyla korkutucu olmak zorunda değildir. Güvenin temelleri, bireyi denetleyip korkutarak değil ortak değerleri yaşayıp yaşatarak atılır. Değerler Kültürü'nde devletin gücü vatandaşın devletten korkmasından değil, devletin yasalarına ve mahkemelerine inanıp güvenmesinden kaynaklanır. Değerler Kültürü'nde devlet adil bir hizmet için vardır ve vatandaşa güler yüzlüdür. Ailede, kurumlarda ve devlette değerler yaşandığı ve yaşatıldığı sürece insanlar kendini güvende hisseder. Değerleri yaşamanın ve yaşatmanın tüm yurttaşların sorumluluğu ve hakkı olduğunu herkes bilir.

Değerler Kültürü'nün temel cümlesi şudur: "Güvende olmak istiyorsan, BİZ'i temel alan değerleri yaşa ve yaşat; BİZ olarak gelişmeye devam ettiğin sürece güçlü ve güvende olursun!" Değerler Kültürü'nde kimlikler değil, değerler dikkate alındığı için liyakat vardır ve adil bir ortam oluşur.

Şimdi sizi hayal etmeye davet ediyorum; yukarıda mektubundan bazı bölümleri paylaştığım kadının, Değerler Kültürü içinde doğmuş olduğunu düşünün. Bu durumda, kızın öyküsü farklı gelişirdi. Varsayalım ki, kız yine 16 yaşında evlenmiş olsun. O zaman öyküsü belki de şöyle olacaktı:

6 yıllık evliliğinde 4 çocuk doğurmuş ve dördüncü çocuğunun doğumundan sonra 26 yaşında vefat eden annenin sağ kalan tek çocuğuyum ben. Bir tek ben yaşamışım. Babam annemin ölümünün ardından iki yıl yas tutmuş. İki yıl sonra bana iyi annelik yapacağına inandığı bir kadınla evlenmiş. Ve bu kadın beni kendi kızı gibi kabul edip, bağrına bastı.

Ben cahillik yapıp 16 yaşımda nişanlandım, 17 yaşımda evlendim. Babam, "Kızım hata yapıyorsun, ama hep senin arkanda duracağım, senin mutlu olman için elimden geleni yapacağım," dedi.

18 yaşımda anne oldum. İlkokuldayken "İyi ki annen ölmüş," diyen Zeynep isimli arkadaşım yüzünden tüm Zeynep'lerden nefret etmiştim ve o nedenle, kayınvalidem çok istemesine rağmen kızımın adını Zeynep koymamamı anlayışla karşıladı.

Geri kalan ilişkileri de tahmin edebilirsiniz; kocası anlayışlı ve saygılı olur, kayınpeder hem gelinine hem torununa bir insana gösterilmesi gereken ilgi ve sevgiyi gösterir.

Anlam Veren İnsan ve Kültür

İnsanlar anlam veren varlıklardır; olaylara, kişilere, ilişkilere, sözlere ve davranışlara *içinde doğup büyüdükleri kültürün dinamikleri içinde anlam verirler.* Nasıl ki, anadilini konuşan biri, gayet güzel konuştuğu halde kullandığı gramerin farkında değildir; insanlar da olaylara ve ilişkilere içindeki yetiştikleri kültürün şablonuna göre anlam verdiklerinin farkında değildir. Korku Kültürü içinde yetişmiş biri, "Ben şimdi Korku Kültürü şablonu içinde anlam veriyorum," demez; davranışlarının temelinde, yaşadığı kültürün etkisi olduğunun farkında bile değildir. Ancak *gelişmiş 'olgun insan' neye, nasıl anlam verdiğinin farkındadır.*

Seminerlerde yaptırdığım bir algı uygulamasının sonunda katılımcılar, akıllarına gelen ülke, şehir ve hayvan isimlerini kolayca tahmin edebildiğimi görünce hayretle yüzüme bakakalırlar. Aslında, farkında olmadan içlerinde taşıdıkları ortak kültür şablonu, onları tahmin edilebilir cevaplar vermeye koşullamıştır.[*] Toplumun kültürü dediğimiz ve toplumun bireylerince paylaşılan bu anlam verme sistemi o toplumun tarihi içinde kuşaktan kuşağa aktarılır gider.

Bölümün başında sözünü ettiğim toplumsal değişim, görmek istediğimizden çok daha yavaş gerçekleşse de, Korku Kültürü'nden Değerler Kültürü'ne doğru olmaktadır. Bana sık sık soruyorlar, "Hocam, bizim zamanımızda ergen sorunu diye bir şey yoktu! Bu yeni icat nereden çıktı?" Her evde ergen sorunu var. Çocuk 13-14 yaşına gelmeye görsün, ana baba ne diyeceğini şaşırıyor! Aslında, alışık olduğumuz ve şimdiye kadar yaşamımızı yönlendiren Korku Kültürü'nde de ergenler sorun yaşıyordu, ama asık suratlı otorite, ailede 'sorunları olan ergen' görmek istemediğinden ergen ergenliğini anlayamıyor, bunalımlarını içinde saklıyor, asık suratlı, bıkkın, gergin, kaygılı ve öfkeli insanlar sürüsüne katılıyordu. Ne var ki, bireyin önemsendiği Değerler Kültürü'nün giderek ağırlık kazanmasıyla birlikte, bireyin sorunlarını rahatça dile getirdiği bir sosyal süreç başlamış durumda.

(*) Bu uygulamayı *Gerçek Özgürlük* adlı kitabımda ayrıntılı olarak anlatıyorum. (s. 35-6.)

Siz hangi kültür ortamında yetiştiniz? Kiminle evleneceğinize karar vermeden önce, kendinizin ve evleneceğiniz kişinin içinde yetiştiği aile ve eğitim aldığı okul ortamını Korku ve Değerler Kültürü kavramları ışığında değerlendirebilmeniz önemli. Her birinizin çocukluğunun bu iki kültürden hangisinde geçtiğini bilirseniz, evliliğinizle ilgili daha isabetli kararlar verebilirsiniz.

İlişkinizi Yöneten Gizil Güç: Güven

Daha önce belirttiğim gibi insan her an güven ihtiyacı içindedir. İç beyin her an güvende olup olmadığımızı denetler. Denetleme mesajı kabaca iki tür olur. Birinci tür mesaj: "Yaşamına böyle devam edebilirsin, herhangi bir tehlike yok, güvendesin!' mesajıdır. İkinci tür mesaj, "Dikkat dikkat, uyanık olman gerekiyor! Güvende değilsin, tehlikeli bir ortamdasın!" mesajıdır. Böyle bir uyarı mesajı alınca hemen dikkat kesilir, güvenliğimiz için gereken tedbirleri almaya ve yapmamız gerekeni yapmaya başlarız. Mesajı tetikleyen şey duyduğumuz yüksek bir ses ya da konuştuğumuz kişinin öfkeli bir ses tonuna doğru kayması olabilir.

Korku Kültürü içinde yetişmiş biri güvende olup olmadığını, farkında olmadan, şu soruları sorarak denetler: "Karşımdaki mi güçlü, ben mi?", "O mu beni denetleyecek, ben mi onu?" Bu tavrı en açık seçik dinleme davranışında gözlemleyebilirsiniz. Korku Kültürü içinde yetişmiş biri, eğer karşısındaki çekindiği, kendinden güçlü biri değilse, sürekli onun sözünü keser, onu konuşturmama, baskın çıkma eğilimi gösterir. Ancak bu şekilde kendini güçlü ve dolayısıyla güvende hisseder.

Değerler Kültürü içinde yetişmiş biri yaşamın bir ekip işi olduğunu kabullenmiştir. Ailesini ve birlikte çalıştığı insanları yaşam ekibinin bir parçası olarak görür. Ekibinden gördüğü insanlara gülümser, selam verir. Karşılaştığı diğer insanlar, birlikte yaşamın gerçeğini keşfedip hayatı zenginleştirecek, yaşam yolculuğunu anlamlandıracak potansiyel yoldaşlarıdır; onlara ihtiyatla ama değer vererek bakar. Korku Kültürü'nün 'rakip' gördüğünü, o kendi gelişimi için 'destekçi' görür. Bunu da yine en iyi dinleme davranışında görürsünüz. Değerler Kültürü içinde yetişmiş biri, dinleyerek gelişeceğini, yeni şeyler öğreneceğini bilir. Karşısındakinin konuşmasına saygılıdır, sözünü kesmez; onun söylediklerinden kendine pay çıkarıp yeni şeyler öğrenmeye çalışır. 'Saygı', 'sevgi' ve 'halden anlama' olduğu sürece kendini güvende hisseder.

Korku Kültürü'nde yetişmiş insanların evlilikleri, Değerler Kültürü'nde yetişmiş insanların evliliklerindekinden farklı başlar. Korku Kültürü'nün 'büyükleri' evlenecek genç erkeğe ilk gece karısının gözünü korkutmasını önerir; kadın erkekten korkmalı ve ona itaat edip kusursuz hizmet etmeyi öğrenmelidir. Değerler Kültürü'nün 'büyükleri' ise eşlere baştan şunu önerirler: Eşinizin mutlu olmasını önemseyin ve onun mutlu olmasından sorumluluk alın; çünkü eşiniz mutlu değilse, sizin bireysel mutluluğunuz uzun sürmeyecektir.

Korku Kültürü'nün 'bilge kadınları', evlenecek genç kadına nikâhta kocasının ayağına basmasını önerir ve ilave ederler; "Erkek kısmı kadir kıymet bilmez, ayağına sen bas ki, senin dediğin olsun! Unutma, kadının fendi erkeği yendi!" Temel anlayış şudur: Evlilik bir denetleme, kontrol edip yönlendirme ilişkisidir. En önemli soru şudur: "Bu ilişkide güçlü taraf kim olacak?" Güçlü olandan korkulmalı, çekinilmelidir. O, "BEN bilirim," diyecek, diğerleri de, "Evet, siz bilirsiniz," diyecektir.

Eşlere 'geçim ehli' olması söylenir. Geçim ehli olmak, Korku Kültürü'nde 'güçlü olana itaat edip onun sözünden çıkmamak' anlamına gelir. 'Erkeğinden korkan kadın' makbul kadındır; böyle kadına güvenilir. Evli kadının evde ne yapacağı, kiminle nasıl konuşacağı yörenin gelenek göreneklerine göre belirlenmiştir. Kadın bu evlilik ilişkisinde sosyal bir kimlik, yani YÜZ olarak tanımlanmıştır. Bu tür evlilikte insanın özü olan CAN yalnızdır, bir kenara itilmiştir. Ve bu evlilikte doğup bu ortamda büyüyen çocuk Korku Kültürü'nün şablonunu farkına varmadan aynen devam ettirir. Çok ender durumlarda, yaşamın olgunlaştırdığı biri ne olup bittiğinin farkına varır. Büyük bir çaba harcayarak Korku Kültürü şablonunun denetiminden kurtulur ve sevginin içinde yeşerdiği bir ortam arayışına girer.

Bir erkek okurumun yazdığı mektubu sizlerle paylaşmak istiyorum:

Kıymetli hocam;
Bursa'nın bir dağ köyünde 1976 yılında dört çocuklu bir ailenin beşinci erkek çocuğu olarak dünyaya geldim. Tarlada çalışan annemiz ve Uludağ volfram madeninde çalışan, ayda bir gördüğümüz babamızla mutsuz bir hayatımız sürüp gidiyordu.

1983 yılında Bursa'ya taşındık ve dünyanın bizim köyümüzden büyük olduğunu gördüm. Her ay eve izine bir geceliğine gelen babamız annemizi döverdi, ama ne dövmek! Bayılana kadar işkence! Hırsını alamaz, av tüfeğinin kayışıyla ayaklarımızı bağlayıp bizleri falakaya yatırır sıra sopasına çekerdi. Kayışı iki kardeş tutardı. Baba ayaklarımızın altı şişinceye, yürüyemeyecek olduğumuza kanaat getirinceye kadar döver, vahşi hayvan yavruları gibi bizleri bağırtırdı.

Muhtemel 1,95 boyunda 100 kg belki daha fazlaydı. Zaten ayaklarımızın üzerinde duramamamıza bir tek darbe yeterdi, ama o hiç acımadan saatlerce sıradan herkesi döverdi. Kimse nereye kaçacağını bilemezdi. Kaçarken birbirimize çarpardık. Ne yaparsak yapalım kurtuluş yoktu.

En büyük kardeşi hatırlıyorum; 4-5 yaşlarındaydım, bir gün evde onu dövdüğüne tanık olmuştum. Çok küçüktüm ve çok korkmuştum. Artık neresine denk geldiyse bir müddet akli dengesi kayıp gezdi; bir zaman sonra kısmen eserekli kalsa da düzeldi.

En büyük olan ve çılgınca dayak yiyen o kardeş yıllar sonra evlendi ve babasının kopyası oldu. Karısını ve çocuklarını acımasızca döven bir koca ve bir baba. İki numara kısmen karısını döven bir adam oldu. Üç numara da bir zamanlar karısını döven bir adamdı ama sonrasında asla çocuğunu döven baba olmadı. O, üzerindeki babadan kalan dayak gömleğini çıkardı. Dört numara da başlangıçta karısını ve çocuklarını döven babaydı ama o da galiba doğruyu buldu; 3 kızını ve eşini artık hiç dövmüyor.

Bana gelince: Evlendim; hiç eşimi dövmedim, hiç sövmedim. Olmadı, üç ay sonra ayrıldım. Bu hadiseden altı yıl sonra yeniden evlendim. Eşim annesini yedi yaşında kaybetmiş, agresif bir hanım :) Babamın erkek versiyonu çıktı, gücü yetse dövecek beni. Sınırları, sabrı çok zorlasa da asla babamın yaptığını yapmadım. Onun yaptığı her şeyin tam zıttını yaptım; asla eşimi dövmedim, sövmedim. Ama o sövdü :) canı sağ olsun.

Bir bebeğimiz oldu, erkek bebek. Şimdi 4,5 yaşında. Yaklaşık 2,5 yaşındaydı, bir gün halının üzerinde oynarken gözümün içine parmağını soktu. Nasıl olduğunu halen anlayamadım, küçük bir tokat attım; istem dışı refleks oldu.

Küçük çekik gözlerini kocaman açarak, "Babaaaaa!" deyişini asla unutamıyorum. Yoksa babam gibi mi olacaktım? Birkaç saniyede yüzlerce kötü anı gözlerimin önünden aktı ve oğlumda kendi çocukluğumu gördüm.

Hemen özür diledim, istemeden olduğunu söyledim, ama nafile birkaç gün küstü bana. Ben de bunalıma girdim galiba; içten içe çok üzüldüm. Sonra toparladım kendimi.

Eşimle birlikte, oğlumuzla daima bir erişkin gibi konuşuyor, bir çocuk gibi oynuyoruz. Benimle sorunlarını tartışabileceği bir ilişki kurmaya çabalıyorum. Galiba başaracağız. Aynı zamanda aşçıyım. İlk mutfak deneyiminde onunla birlikte pilav yaptık, sonra kek, bulaşık vs derken şimdi mutfağa hep birlikte giriyoruz. Çok ilginç, en kuvvetli bağımız o tuvalet eğitimi alırken oldu. Onun anlatacakları ve merak ettiklerinin sonu hiç gelmiyordu! Bense çok keyifle, sanırsınız yemek tarifi veriyordum.

Sizin kitaplarınızdan çok istifade ettim. Çok teşekkür ederim; iyi ki varsınız.

Saygı ve sevgilerimle.

Evet, bana yazan erkeğin değişimi sanki bir mucize! Ve şimdi değişen bu erkek, bir baba olarak, çocuğu için Değerler Kültürü içinde bir aile ortamı oluşturmaya gayret ediyor. Bu babanın atmış olduğu adımın, çocuğunun ve toplumun geleceği için ne kadar önemli olduğunu, sanırım bu kitabın okurları fark ediyordur.

Korku Kültürü'ndeki evliliklerin başlangıcına örnekler verdikten sonra şimdi de, "Değerler Kültürü'nde evlilik nasıl başlar?" sorusuna cevap vermek istiyorum.

Değerler Kültürü'nde 'büyükler' en başta kişinin kendi eşini seçmesine destek olurlar ve evlenecek genç kadına veya erkeğe şu soruyu sorarlar; "Bu evlilikte mutlu olmayı istiyor ve önemsiyor musun?" Olumlu bir cevap aldıktan sonra ona yol gösteren şu konuşmayı yaparlar: "Bu evlilikte mutlu olmayı ve mutluluğunun sürmesini istiyorsan, sadece kendinin değil, eşinin de mutlu olmasına özen göstermelisin. Birbirinizin en güçlü tanıkları olduğunuzu unutmamalısın. Mutlu olmak istiyorsan, mutlu etmesini bilmelisin. Kuracağınız yuvanın temellerini oluşturacak değerlerinizi, 'doğrularınızı' birlikte keşfedin, kararlaştırın ve düşünce, söz ve davranışlarınızda bu doğrularınızı yaşatarak aranızda güven ortamını oluşturun. Sevgi, saygı ve güven sizin yuvanızın temeli olsun. Sevgi korkudan daha güçlüdür."

Değerler Kültürü'nde 'geçim ehli olmak', değerleri yaşatarak birbirine güvenmek, birbirini saymak ve sevmek anlamına gelir. Bu evlilikte sosyal yaşam ve diğer insanlarla ilişkiler önemsenir, ama hem kadın hem de erkek için hesap verilecek en yüce makam kendi vicdanlarıdır. Karı-koca ilişkisi CAN ilişkisidir. Eşler birbirlerinin özlerini, CAN'larını umursar, 'doğal', 'değerli', 'güvenilir', 'sevilmeye layık' ve 'saygıya değer' bulurlar. Birbirlerine, yaşamlarında yer alan 'çok özel insanlar' olarak bakarlar; ilişkilerinde önce saygı sonra sevgi gelir.

Böyle bir ortamda büyümüş iki kişinin mutlu evliliğini anlatan mektubu sizlerle paylaşmak istiyorum.

Ben ve eşim mutlu ailelerde büyüdük. Hatta benim annemle babam hep, "Çocuklarımızın da bizim gibi mutlu evlilikleri olsun!" diye dua ederlermiş.

Eşimle üniversitede tanıştık. Beş yıl gibi bir süre birbirimizi tanıma fırsatımız oldu. Beş yılın ardından ailelerimiz tanıştı; altı ay nişanlı kaldık ve evlendik.

İki insan bir yuva kurarken iki ailenin anlaşmasının, durumu kabullenip desteklemesinin çok önemli olduğunu düşünüyorum. Biz çok şükür bu desteği gördük ve bu destek sayesinde birbirimizin ailesini kendi ailemiz bildik ve biz olmayı başardık; böylece evliliğimizin de temelini atmış olduk.

Nerede okuduğumu hatırlamıyorum ama şu cümle çok hoşuma gitmişti ve düğün davetiyemize de yazdırmıştık. *"SEN VE BEN GAFLETİNİ AŞIP BİZ OLANLARIN RIZKIDIR AŞK."*

Biz olduktan sonra aşılamayacak engel olmadığını düşünüyorum. Çünkü araya benlik girmiyor. Senin ailen, senin dediğin, senin düşüncen olmuyor. Bizim ailemiz, bizim kararımız oluyor.

Ben anladım ki evlenmeden önce yarımmışım. Çok şükür diğer yarımı buldum, tamamlandım. Eşim benim ailem, annem, babam, arkadaşım, sevgilim kısacası her şeyim oldu. Evlilikle mutluluğum ikiye katlandı.

Önemli olan birbirini iyi tanıyıp sınırlarını bilmek. Biz çok şükür birbirimizi iyi tanıyoruz, sınırlarımızı biliyoruz ve buna göre hareket ediyoruz ve problem olmuyor. Oturup bir konu hakkında birlikte karar verebiliyoruz. Senin söylediğin daha uygun öyle yapalım, diyebiliyoruz.

Evlilikte bencilliğe kesinlikle yer yok. Biz hiç mi tartışmıyoruz? Tartışıyoruz tabi ki. Ama o kadar önemsiz konular ki biraz naz kavgası diyebilirim onlara. O zaman da uzatmamak gerekiyor!

En önemli noktalardan biri de bu. Ben inatçı bir insanım; evliliğimizin ilk dönemlerinde uzatıyordum, ama eşim nasıl yaptı bilmiyorum, inadımı kırdı. Uzatmanın yanlış olduğunu fark ettim.

> *Şimdi, "Evlilik ne?" diye sorsalar bana, "Mutluluk!" derim. Eşinin gömleğini ütülerken bile mutlu olmak, onun işten gelmesini sabırsızlıkla bekleyip zile basmadan kapıyı açmak, onu mutlu etmek için bir şeyler yapmak. Ailesini ailem bilip sevgi saygıda kusur etmemek.*
> *Duygularım çok yoğun. Kendimi ne kadar iyi ifade edebildim, bilmiyorum. Daha 1,5 yıllık evliyim. Evet, yolun çok başındayım, ama biz temellerimizi sağlam attık. Allah'ın izniyle mutluluğumuzun daim olacağına inanıyorum. Karşımıza çıkan engelleri birlikte göğüsleyeceğimize inancım tam.*
> *Sevgi emek ister, fedakârlık ister, en önemlisi merhamet ister. Mutlu olmak da mutsuz olmak da bizim elimizde; istisnalar hariç. Tüm yuvaların mutlu ve huzurlu olduğu bir dünya diliyorum...*

Evet, Değerler Kültürü'nü temel alan bir evlilikte mutlu olmak mümkün. Evlenirken sağlıklı karar verebilmek için kendinizi ve evleneceğiniz kişiyi tanımanız çok önemli.

Evlenme Olgunluğu

Yaşamında, var olmanın sorumluluğunu duyan insan, olgun insandır.

DC

Evlilik bir ilişki kurumudur ve evlenen kişilerin evlilik olgunluğuna gelmeleri evliliğin sağlıklı işlemesi için önemlidir. Türkiye'de evlenebilmek için belirli bir yaşı tamamlamış, ayırt etme gücüne sahip olan kadın ve erkek olmak yeterlidir. Ben bu bölümde, Türk Medeni Kanunu'nun belirlemiş olduğu 'evlenme yeterliliği'nin ötesine geçip 'evlenme olgunluğu' kavramını irdeleyeceğim. Evlenme olgunluğu deyince, doğal olarak insanın aklına 'olgun insan' kavramı geliyor. Evlenme olgunluğuna sahip bir insanın, önce 'olgun insan' olması beklenir. Olgun insan deyince ne anlamalıyız? Olgun insanın üç konuda sorumluluk bilinci gelişmiştir:

1. Kendini tanıma,
2. Diğerini tanıma,
3. İçinde bulunduğu sistemi tanıma.

Evlenme olgunluğundan söz ettiğimizde de aynı boyutlar söz konusudur. Evlenme olgunluğu olan biri, olgun olmayan birine kıyasla kendinin, evlenmeyi düşündüğü kişinin ve evliliğin içinde yer alacağı sosyal ortamın daha farkındadır.

EVLENME OLGUNLUĞU

Facebook sayfamdan beni izleyen ve ara sıra yorumlar yazan, düşüncelerine değer verdiğim, olgun bir erkek okurum şöyle yazmış:

Evlenmeye karar verdiğimde, 32 yaşında mesleğinde mesafe almış bir yetişkindim. Kararımı verirken kimseye danışmadım. Eşimin ailesinin kapısını tek başıma çaldım. Onlara memleketimdeki ailemin adresini verdim. "Gelenektendir beni araştırın," dedim.

On beş gün sonra çağırdılar, hayırlı olsun dediler. Her ne kadar anlaşmış olsak da, bunu eşimin ailesine fazla belli etmemeye çalıştım. "Sadece bir iki defa çay içtik," dedim.

Rahmetli kayınpederim eski Köy Enstitüsü mezunu, güngörmüş bir aydındı. "Senin tek başına kızıma talip olman, soyunu araştırma yolunu bize açman bizim için güvencendir," dedi.

Ben geleneklere uygun davranarak evlendim. Kızlarımın da aynı yolu izlemelerini isterim. Onların 28 yaşından önce evlenmelerini arzu etmem. Büyük kızımın düğün/çeyiz parasının yarısını tasarruf hesabında biriktirdim. Yakında mesleğe başlayacak. Biraz da kendi biriktirsin. Adil ve huzurlu bir yuva kurmasını dilerim.

Velhasıl, ben kızlarımın evlenme vakitleri gelince bana kararlı gelmelerini dilerim. Onlara son öğüdüm herhalde şu olur: "Birbirinize saygı duyarak ve yaşamı adil paylaşarak yaşayın. Dilemem, ancak ve şayet bir gün birbirinize yabancılaşırsanız ve tekrar yakınlaşmanız mümkün olmazsa, birbirinize saygınızı esirgemeden ayrılmasını da bilin," derim.

Hayat deneyimim ve gözlemlerim bana şunu belletti: Bizim toplumda evlilikler kolay; ayrılıklar zor ve yıkıcı oluyor. Uygar toplumlar gibi, bizim de bunu aşmamız gerekir.

Dopdolu bir mektup, birçok yönden insanı düşündürüyor; okurum kendini tanımış, içinde bulunduğu sistemi tanımış, soy sop araştırmasını ve kız babasının hassasiyetlerini dikkate almış.

Şimdi olgun insanın üç sorumluluk boyutunu ele alalım.

I- Kendini Tanımak

Her insanın bir yaşam öyküsü vardır ve bu öyküyü keşfetmek için, "Nasıl bir ailede yetiştim?", "Çocukluğum hangi ortamda, nasıl geçti?" soruları iyi bir başlangıçtır.

Korku Kültürü ortamında büyüyen birisi ile Değerler Kültürü ortamında büyüyen birisi farklı iki çocukluk deneyimi yaşayacak ve iki farklı insan olarak yetişeceklerdir. İnsanın nasıl bir ortamda yetiştiğinin farkında olması kendini tanıması için atacağı ilk adım olmalıdır.

İç Çocuğunu Tanımak

Korku Kültürü'nde yetişen insan korkutularak, utandırılarak büyütülmüş ve iç çocuğu utanca boğulmuştur.[*] Siz nasıl bir ortamda yetiştiniz? Bunu anlamak için aşağıdaki testi yapın. Buradaki ifadeler sizi ne kadar temsil ediyor? "Bu ifade beni

---

(*) Bu anneler babalar kötülük yapmak için değil, başka bir şey bilmedikleri için, çaresiz kaldıkları için çocuklarını korkutarak, utandırarak büyütür. Daha ayrıntılı bilgi için benim *Mış Gibi Yetişkinler* kitabından yararlanabilirsiniz.

anlatıyor, beni temsil ediyor," dediğiniz ifadenin yanına 'Evet' anlamında (E), "Bu ifade beni anlatmıyor, beni temsil etmiyor," dediğiniz ifadenin yanına 'Hayır' anlamında (H) harfini yazın.

- *Sürekli başkalarını memnun etmeye çalışırım; kendimin ne istediğini çoğu kez hiç düşünmem.*
- *Kalbimin en gizli köşesinde biliyorum ki ben de bir eksiklik, bir tuhaflık var. Ben normal değilim.*
- *Hiçbir şeyi atamam. Değerli, değersiz elime geçen her şeyi biriktiririm.*
- *Cinselliğimle ilgili olarak kendimi gergin ve huzursuz hissederim.*
- *Ne zaman bir konuda itiraz etsem içimi bir suçluluk duygusu kaplar. "Keşke, hiç karşı çıkmadan, diğerlerinin istediklerini yapsaydım" diye düşünürüm.*
- *Bir projeye, bir işe başlamakta güçlük çekerim.*
- *Kendime özgü bir düşüncem ya da görüşüm yoktur.*
- *Sürekli yetersizlik duygusuna kapılır ve bu nedenle kendimi eleştiririm.*
- *Gerçekten ne istediğimi bilmediğim duygusu içindeyim.*
- *Her şeyin en iyisini benim yapmam gerekir; en üstün başarılı kişi olmak için sürekli çabalarım.*
- *Kim olduğumu pek bilmiyorum. Temel yaşam ilkelerimin ne olduğunu ve hayatımın hangi yönde gelişmesi gerektiğini kestiremiyorum.*

Yukarıdaki soruların çoğuna "Evet" demişseniz, muhtemelen Korku Kültürü'nü yaşatan aile ortamında yetiştiniz ve çocukluğunuzu doya doya yaşayamadınız. İçinizde utanca boğulmuş bir iç çocuk taşıyor olabilirsiniz.

Aşağıdaki mektupta kıskançlıkla baş etmeye çalışan bir kadının, çocukluğunda içinde yaşadığı aileden gelen bir güven sorunu var.

Sevgili hocam ben aşırı derecede kıskanç bir insanım. Nasıl diyeyim size, ihtimal ve yanlış anlamalara bile tahammülüm yok. Yani eşimin telefonuna yanlışlıkla atılmış bir mesaj bile olsa o büyük bir olaya döner bende. Yani nasıl anlatayım hocam... Mesela geçen ay sonu vergi taksitlendirmelerini yaparken sistemde bir HGS cezası görünce şoke oldum, çünkü biz iki yıldır hiç şehir dışına çıkmadık. Bu ceza nereden ne zaman diye araştırırken dahi, "Acaba eşim mesaideyim deyip bana yalan mı söyledi, şehir dışına mı çıktı, bir yere mi gitti?" diye içim içimi yedi.

Kendimi artık dizginleyebiliyorum; en azından sonuca ulaşmadan eşimle tartışmıyorum. 33 yaşındayım ve bu olgunluğa ancak eriştim. Hatta eşimin gülerek anlattığı, aslında benim açımdan bakılırsa içler acısı bir durum olan bir anımız var. Arabamızı evin önüne park etmiştik akşam, ben o ara hamileyim. Sabah kalktık, işe gideceğiz arabayı göremiyoruz. "Aa araba nerede?" diye söylendi eşim. Sonra anladık ki önüne büyük bir araç park etmiş, ondan görememişiz.

Bu birkaç saniyelik olay. Peki benim aklıma ne geldi? "Acaba akşam ben uyuyunca dışarıya çıktı da arabayı başka yere mi park etti?"

Eşim hep der, "Ben araba çalındı diye korktum, bizim hatun ne peşinde!" diye. Bu tarz anılarımıza gülüyorum ve üstünü kapatıyorum artık, ama düşündüğümde içimi acıtan, yaşarken ise içimdeki öfkeyle dünyayı cehenneme çeviren olaylar bunlar. Kıskançlık duygumu dizginleyemesem bile en azından tepkilerimi eskiye nazaran hafiflettim.

Ben bunun neden olduğunu biliyorum ama nasıl iyileştireceğimi bilmiyorum. Daha doğrusu, ruh yarasının karakterde bıraktığı iz silinir mi emin değilim.

Ben uzun yıllar boyunca aynı kadınla aldatılmış bir annenin kızıyım. Babam bizi o kadının evine götürecek ve onu evimize getirecek kadar küstahlaşmış (ya da gerçekten âşık olmuş ve ne yapacağını bilemediği için saçmalamış). Konuşmalarına defalarca şahit olmuşum... Annemin ağlamalarına hatta şiddet görmesine... İlkokuldan başlayıp 25'li yaşlarıma kadar neredeyse devam eden mutsuzluk, psikolojik ve fiziksel şiddet, babadan yoksunluk... Babamın başka birine âşık olduğu ama boşanıp bizden kurtulamadığı için tüm acısını bizden çıkardığı bir ömür...

Dolayısıyla ben aldatılan kadına, dünyada en çok sevdiğim kadında şahit oldum ve en güvenmem gereken erkeğin asla güvenilmeyeceğini babamda gördüm. Bunu dünyamda tanıdığım diğer insanlarla bağdaştırmanın doğru olmadığını çok net biliyor olduğum halde ruhuma söz geçiremiyorum. Sadece hareketlerimi dizginleyebiliyorum.

Benim bahsettiğim eş kıskançlığı. Bunun haricinde kimsenin malını, hayat şartlarını kıskanmam. Ayşe lüks araba almış, benim neden yok diye ne kendimi ne eşimi yerim. Her zaman kıskandığım şey mutlu bir ailedeki çocuklardı; şimdi o aileyi kızıma vermek için tabiri caizse kendimi parçalıyorum. Eşimin kızımla olan ilişkisinin düzgün, güvenli ve sevgi dolu olması için okuyor, araştırıyor, eşimi yönlendiriyorum. Ne mutlu bana ki eşim de, sen ne bilirsin diye terslesenlerden değil; o da elinden geldiğinde uyguluyor. Bense bazen arkadaşlarımın babalarıyla olan ilişkilerini içten içe kıskanıyorum ama dediğim gibi güneşli bir havanın bulutlanması gibi içimden o an geçiyor ve bastırıyorum sonra...

Her şeyin farkında, kocasını üzmemeye çalışıyor, ama içindeki kuşkucu ve kıskanç tavrı durduramıyor. Çocukluğunu yaşayamamış biri, bilinçlenme ve azimle kendini yeniden inşa edebilir. Ama bunu yapmak kolay değildir. Tıpkı yeni bir dil öğrenmeye benzer: Çince öğrenebilirsiniz, ama azmetmeniz ve ciddi emek vermeniz gerekir. İç çocuğu yaralanmış biri azimle kendini yeniden inşa edip olgun ve sağlıklı bir insan olabilir. Bunu yapabilmesi için önce durumun farkına varması, sonra nereye, nasıl gideceğini bilmesi ve bilinçli bir uğraş vermesi gerekir. Hiç de kolay olmayan bu uğraşa, ben 'savaşçı bilinci içinde yaşamak' diyorum.

Utanca boğulmuş bir iç çocuk, evlilikte BİZ'i oluşturmaya engel olur; ilişkiyi korku, kaygı, kıskançlık, güvensizlik, keder ve öfkeyle doldurur. İç çocuk kendini 'önemsiz', 'tuhaf', 'değersiz', 'güvenilmez', 'sevilmeye layık olmayan' ve 'kimsenin ilişki kurmak istemediği biri' olarak görür. Kendini yalnız ve öksüz hisseder; hayatla ilgili her konuda kaygısı vardır!

Kendini yalnız ve öksüz hisseden birinden iyi bir eş olmaz. Bu kişi ya BEN diyen bir despot, ya da böyle bir despota boyun eğen pısırık biri olur. Yaşamını kendi seçimleriyle yönlendirmeyi bilmediği için kendine özgü birey olmakta zorlanır; farkında olmadan kültür robotu olarak yaşar. İstek ile gerçek ihtiyaç arasındaki farkı bilecek bir bilinç geliştiremez. Böyle bir kişi için cinsellik kutsallığını kaybetmiş, güçlünün bedensel arzularının tatmin edildiği bir zorbalığa dönüşmüştür. İlişkide cinselliğin gizemini, kutsallığını kaybetmesi ilişkiyi sıradanlaştırır, anlamsızlaştırır.

İç çocuğu tanıma testindeki soruların çoğuna "Hayır" demişseniz, muhtemelen Değerler Kültürü'nü yaşatan aile ortamında yetiştiniz ve bu ortamda çocukluğunuzu yaşadınız. İçinizde yaşamayı seven coşkulu bir iç çocuğunuz var.

Sağlıklı iç çocuğu olan insan evlilikte BİZ'i oluşturabilir; ilişkiyi sevgi, umut, istek ve şükür duygusuyla doldurur. İç çocuk kendini 'umursanacak', 'doğal', 'değerli', 'güvenilir', 'sevilmeye layık' ve 'herkesin ilişki kurmak istediği biri' olarak görür. Kendini dostlarla çevrilmiş hisseder; hayatla ilgili her konuda umutludur!

Burada önemli bir konunun altını çizmek istiyorum; iç çocuk farkına varılmadan şımartılmış da olabilir. Şımartılmış iç çocuğu olan kişi kendini dünyanın merkezi olarak görür. Bu kişiler de BEN der ve BİZ oluşturmaya yatkın değildir, ama bunun farkına varırlarsa evlilik ilişkilerinde BİZ yoluna girebilirler. Aşağıda paylaştığım mektupta genç kadının uyanış aşamasına gelişinde annesinin etkisine ve genç kadının verdiği kararlara dikkat edin:

Henüz yirmi altı yaşındayım. Dört yılı yeni bitirmiş bir evliliğim var; iki buçuk yaşında bir de kızım...

Evlilikte öncelik karşıdaki insanı kendinden bağımsız bir birey olarak kabul etmekmiş; onu değiştirmeye ve istediğin yönde şekillendirmeye çalışmak, kendince mantıklı olan davranışı dayatmak insana mutluluk değil, zorunluluk duygusunu getirirmiş. İki farklı yaşam biçimini tek çizgide birleştirmenin zorluğuna ek olarak eşimin ailesini, özellikle annesini, rakip gibi algılayarak baştan önyargılı ve sevgisiz başlamak, en hatalı davranıştı benim için.

Eşimin beni her şeyden, herkesten değerli görmesini ve bunu insanların gözüne sokmasını istemiştim hep! Çok şiddetli (asla fiziksel değil, lakin duygularımız çok darbe aldı) kavgalarımız da oldu; ben sürekli beni ailesine ve arkadaşlarına tercih etmesini, dediğim her şeyi yapmasını talep ediyordum.

Düşünsenize halı saha maçı var ve karınız buna bile dırdır ediyor. Halı saha! Şimdi o kadar komik geliyor ki yaptıklarım. Bizim buralarda bir söz vardır; "Kızı geçindiren anasıdır," derler! Gerçekten de öyleymiş. Hiçbir şeyi anlatmadığım annem bana bir gün dedi ki:

"Kızım senin amacın yuvanda huzur bulmaksa bırak eşin de biraz huzur bulsun. Kocanda babanı aramayı bırak! Herkes farklıdır!"

Bingo!

Ben babamı arıyormuşum. Çünkü bu yaşıma kadar hiçbir isteğime hayır denmemiş, her nazım çekilmiş, canım yansa ortalık yakılmış; eksiklik ne görmemişim, rahat büyümüşüm biraz. Ve sanmışım ki herkes bana prensesmişim gibi davranacak; ben özelim yahu, babamın kızıyım! :)

Öyle değilmiş o işler; o da özelmiş, herkes özelmiş... Uyandım. Öyle bir uyandım ki o uykudan, Rabbime şükürler olsun, huzuru buldum. Anladım ki, iki farklı hayatı tek noktada birleştirmenin başlangıcı sizin doğru yapmanızla başlar. Siz doğru olun, siz başlayın. Hoşgörü her kapıyı açtığında eşiniz de çevreniz de size doğru olanı, sizin için en iyi olanı yapmaya çalışacaktır.

Evet, anne iyi bir 'danışman' ve ne mutlu ki, bu danışmanın söylediği havada kalmamış; kızı ne söylendiğinin farkına varmış. Ne mutlu ki, böyle bir anneye sahip. Yine ne mutlu ki, farkına vardıktan sonra nasıl bir yol izleyeceğini biliyor; BEN'den BİZ'e geçiş adımlarını atmakta zorlanmıyor.

Kendi özüyle barışık insan iyi eş olur. Kendiyle barışık kişi kendini BİZ'in içinde tanımlar. Kişisel seçimleriyle kendini var eder ve yaşamında kendisi olarak yaşar. İstek ile gerçek ihtiyaç arasındaki farkı ayırt edecek bir bilinç geliştirmiştir. Böyle biri için cinsellik her iki insanın aklının, duygularının, tüm varoluşunun bir ifadesidir. Cinsellik gizemini ve kutsallığını kaybetmez; hayatın anlamlı ve coşkulu bir parçasıdır.

İnanç ve Değerlerinin Farkında Olmak

Olgun insan, inanç ve değerlerini bilme sorumluluğunun farkındadır. İnanç ve değerlerin kendi yaşamında oynadığı önemli etkiyi bilir. Bilir ki, inanç ve değerler insanın davranışlarına anlam kazandıran çerçeveyi oluşturur. Yine bilir ki, anlam arayışı insanın en temel gereksinmesidir.

Toplumumuzda 'ekmek' anlam yüklüdür. Sokağa atılmaz, üzerine basılmaz. Sokakta görürsek, öper başımıza götürür ve kimsenin basamayacağı, ama kuşun, köpeğin, kedinin ulaşıp yiyebileceği bir yere koyarız. Peki, aramızdan kaç kişi bu davranışın temelindeki değerlerin farkındadır? "Neden böyle yapıyorsun?" diye sorduğunuzda, eğer kültür robotuysa, hemen şablon cevabı yapıştırır: "Ekmeğe basmak günah!"

Kendi seçimleriyle anlam dünyasını oluşturmuş olan, gelişmiş biri ise neden ekmeğe basmadığını şöyle açıklar: "Elimde tuttuğum şu ekmek bana:

1. *Doğaya, doğanın üreticiliğine* verilen değeri, saygıyı ifade eder.

2. *Emeğe* ve *işbirliğine* verilen değeri, saygıyı ifade eder. Düşünün, şu elimde tuttuğum ekmeği elde etmek için tarla sürülüyor, hazırlanılıyor, ekiliyor, biçiliyor, ürün toplanıyor, harman oluyor, sapı samanı ayrılıyor, değirmene götürülüyor, un oluyor, yoğrulup hamur oluyor, fırına verilip ekmek oluyor. Verilen emeği ve gerekli işbirliğini hayal edebiliyor musunuz? Emek ve işbirliği bizim geleceğimiz için çok önemli.

3. Açın *halinden anlamaya, empatiye* verilen değeri, saygıyı ifade eder. Empatiye önem vermeyen bir toplum sağlıklı bir toplum olamaz. Ekmeği çöpe atmam.[*] Diğer canlar var, aç ise onlar yesinler."

Ekmeğe verilen anlamı, temelinde yatan değerleri açıklamadan gelecek nesillere bir şablon olarak da aktarabilirsiniz. O zaman onlar da kültür robotu olarak nedenini bilmeden sizin gibi davranmaya ve bu davranış şablonunu sonraki nesillere aktarmaya devam ederler.

Buna karşın olgun insan, anlam verme sistemini, inançlarını ve değerlerini bilinçli seçimleriyle kendi inşa eder. Hayatının anlam hazinesinin bu inanç ve değerler olduğunun farkındadır. Böylece 'emek', 'zaman', 'güven', 'saygı', 'sevgi', 'işbirliği', 'hakikati keşfetme merakına saygı', 'dürüstlük', 'şeffaflık', 'adil olmak' birer değer olarak hayatında yer alır.

Olgun insan bu değerleri yaşamak ve yaşatmanın bir vicdan meselesi olduğunu bilir. Sokakta gördüğü ekmeği, başka birisi kendisini görsün görmesin, kaldırır başına götürür ve kimsenin basamayacağı bir yere koyar. Olgun insan kendi gözüne hesap veren insandır; hayatının en önemli tanığının kendisi olduğunu bilir. İnanç ve değerleri akıl süzgecinden geçmiştir ve kendi seçimiyle hayatına girmiştir. Hayatının öğrencisidir; deneyimlemeye, gözlemlemeye, düşünmeye ve öğrenmeye açıktır. Kendi yaptığı seçimlerden sorumluluk alır.

(*) Sanırım ekmeği çöpe atmama konusunda duyarlığımızı kaybetmeye başladık; birçok okurumun bu konuda benim gibi düşündüğünü sanıyorum.

Duygularının Farkında Olmak

Olgun insan duygularını tanır ve sevginin, saygının anlamını bilir. Sevmek ile acımayı birbirine karıştırmaz. Hayran olmak ile sevmeyi ayırt edebilecek olgunluğa erişmiştir. Sağlıklı karı-koca ilişkisi için gerçek sevginin gerekliliğini anlamıştır. Gerçek sevgide insan insana ilişki temeldir. Taraflardan birinin diğerine baskın olmaya çalışması söz konusu değildir. Tam aksine birbirlerini tamamlayacak şekilde eşittirler. Halil Cibran'ın dediğini anlayacak olgunluğa gelmişlerdir:[5]

El Mitra bir kez daha söz aldı ve dedi ki: Peki, Evlilik ey üstat?
Ve o şöyle yanıtladı:
Birlikte doğdunuz ve sonsuza dek birlikte olacaksınız.
Birlikte olacaksınız, ölümün beyaz kanatları günlerinizi dağıtıp savurduğu saatte.
Elbette, Tanrı'nın sessiz belleğinde bile birlikte kalacaksınız.
Ama, birliğinizde mesafeler olsun.
Göklerin rüzgârları dans etsin aranızda.
Birbirinizi sevin, ama aşk pranga olmasın aranızda:
Ruhlarınızın kıyıları arasında hep dalgalanan bir deniz olsun aşk.
Birbirinizin kadehini doldurun, ama aynı kadehten içmeyin.
Birbirinize ekmeğinizden verin ama aynı ekmeği yemeyin.
Birlikte şarkı söyleyip dans edin ve eğlenin, ama ikiniz de tek başınıza olun,
Bir lavtanın, aynı ezgiyle titreseler de birbirinden ayrı duran telleri gibi.
Kalplerinizi verin, ama teslim almayın birbirinizin kalbini.
Çünkü sadece Hayat'ın avucundadır kalpleriniz.
Birlikte saf tutun, ama yapışmayın birbirinize:
Çünkü tapınağın sütunları da ayrı dururlar,
Ve meşe ile selvi büyüyemez birbirlerinin gölgesinde.

Olgun insan BİZ olabilmek için 'sevgi', 'saygı', 'anlayış' ve 'hoşgörü'nün gerektiğini bildiği gibi 'kaygı', 'korku', 'sevgisizlik', 'nefret' ve 'haset'in ötekileştirdiğinin farkındadır. Kime, ne zaman, ne kadar merhamet edeceğini bilir. Öfkesinin kendi çıkarlarının ve beklentilerinin karşılanmamasından kaynaklı 'BEN öfkesi' mi, yoksa toplumun inanç ve değerlerinin çiğnenmesine karşı duyduğu 'BİZ öfkesi' mi olduğunu ayırt eder. Kırılgan, incinebilir yönlerinin altında yatan öykülerin farkındadır.

Olgun insan kendi sorunlarının, kendi stresinin sorumluluğunu başkasına yüklemez; sorunlarıyla yüzleşir ve etki alanı içinde yöntemler, stratejiler geliştirerek onları çözmeye yönelir.

İç Tanığını Keşfetmek

Aşağıdaki sorular gelişmiş olgun insan için önemlidir:
- Benim için yaşamın anlamı ne?
- Yaşamın anlamını kendi tanıklığım içinde mi buluyorum, yoksa diğerlerinin gözlerinde mi arıyorum?
- İlişki kurduğum insanlar kim? Benzer değerlere sahip can dostlarım mı, yoksa iç dünyamı sakladığım insanlar mı?

Korku Kültürü içinde yetişmiş biri, hayatının anlamının ne olduğunu başkalarından öğrenir. Kişi olgunlaşıp Değerler Kültürü içinde yaşamaya başlayınca yaşama anlam veren inanç ve değerleri kendisi seçer ve kendi tanıklığının gücünü keşfeder. Böylece "el âlem ne der," kaygısı gücünü kaybeder ve onun yerine "ben ne derim," sorumluluğu güçlenir. Böyle birinin evlilik konusunda da kafası berraktır. Aşağıdaki soruların cevaplarını açık seçik görmeye başlar:

- Evleniyorum mu, evlendiriliyorum mu?
- Evlilik kararım bir seçim mi, yoksa geçmişime ya da içinde bulunduğum ortama bir tepki mi?
- Evlilikle ilgili beklentilerim benim beklentilerim mi, yoksa farkına varmadan bana yüklenen 'kültürel şablonun' beklentileri mi?
- Evliliğimde çocuk istiyor muyum?
- Anne-baba olmanın sorumluluğunu almaya kendimi hazır hissediyor muyum?
- Evlendiğim kişiyle, eşit koşullarda hayatı birlikte yaşamak mı istiyorum, yoksa onun sahibi olup onu kullanmak mı istiyorum?
- Hangisi benim için önemli; herkesin haftalarca konuşacağı şaşaalı bir düğün mü, yoksa iki gönlün buluşacağı bir yuva mı?
- Evliliğin amacı ne; kavga, dövüş, çekişme içinde üstünlük sağlamak mı, yoksa birlikte yaşayacağımız yaşamın müziğine birlikte dans etmek mi?

Bu sorular, iç tanığınızın gücünü keşfettiğiniz zaman derinlemesine anlam kazanır. Eğitimli bir kadın okurum kapsamlı, uzun bir mektup yazmış. Kısaltarak paylaşıyorum:

Evli değilim, hiç evlenmedim. 26 yaşındayım. Hayattaki en zor dengelenen ilişkinin sevgili-eş ilişkisi olduğunu söyleyebilirim. Kimse boşanmak için evlenmez elbette, fakat boşanmış olsalar bu kadar mutsuz karı-koca olmazdı sanırım etrafımızda.

Sanırım bizim neslimiz arada kalmışların nesli. Hem dinen hem de kültürel ve sosyal açıdan arada kalmış bir nesil olarak evlilikte doğruyu bulmak benim açımdan çok zor.

Hızlı tüketim nesli olduğumuz aşikâr. Her şeyi hızlı tüketmeye ve istediğimize kolay ulaşmaya öyle alışmışız ki evlilik denen olgunun ne denli önemli olduğunu göremez olduk. İlişkilerimizde çok kolay arkamızı dönüp kapıları bir daha açmamak üzere kapatabilir olduk. Ailemden, annemden gördüğüm evlilik ile günümüz yaşam tarzına uygun evlilik modeli birbirinden epey farklı.

Evlilik bana ne kadar yakın bilmiyorum. 3,5 yıllık bir ilişkim var. Zamanında teklif gelse hiç düşünmeden "Eveet!" diyebilecekken şimdi, "Acaba" diyorum... Olgunlaşmanın getirdiği bir düşünce mi bu? Yaşamın sorumluluklarını daha iyi kavradığımdan mı?

EVLİLİKTEN KORKUYOR MUYUM?

Hem EVET, hem HAYIR???

Annem gibi mi olacağım?

Babam gibi mi olacak?

Her aşk biter mi?

NE BEKLİYORUZ BİRBİRİMİZDEN, KENDİMİZDEN, EVLİLİKTEN?

Beni anlamasından ziyade beni anlamak için çaba sarf ettiğini görmek istiyorum. Yaşadığımız her zorlukta aynı şeyi düşünmek değil derdim. Ben zaten benden farklı olma yönünü seviyorum onun. Ama benim farklı düşünememe ne kadar saygı gösterecek?

Farklı bir fikir almanın zenginliğinin bilincinde olabilecek mi?

Ve bu genç kadının mektubu devam ediyor. İç tanığı soruyor, "Neden evlenmek istiyorum?" Birçok yanıtı var! Ama içindeki korkuları yüzeye çıkaran ikinci soruyu da soruyor; "Neden evlenmek istemiyorum?" Belirsizliklerin ve bu belirsizliklerin yarattığı kaygıların, korkuların farkında... Şöyle özetliyor:

Kısacası aldatılmak, boşanmak, kavgalar, maddi sıkıntılar, özgürlük kısıtlamaları vs. Korkularım hep bunlar. Yaklaşık 1 yıl önce EVLİLİK deyince aklıma olumlu düşünceler gelirken, şimdi evliliğe daha yakınlaştıkça duyduğum korkular, tedirginlikler gittikçe artıyor...

Sanırım siz de farkına varmaya başladınız; iç tanığımızın sorduğu sorular önemli, ama o sorulara boğulmadan hayata devam edebilmek için de hayatımızda aşkın bir yönün varlığına ihtiyacımız var. O aşkınlığa sahip olduğumuzda, yaşamı tamamen denetleyemeyeceğimizi kabul edeceğiz ama tüm belirsizliğine rağmen yine de yaşamın içinde sevgiden kaynaklı adil bir düzen olduğuna inanacağız. Yaşamı denetlemeye değil, yaşamla dans etmeye karar vererek, "EVET!" diyebilmek cesaretini bulacağız.

II- Diğerini Tanımak

Olgun insan kendini tanıdıkça ilişki içine girdiği diğer insanı da tanımaya önem verir. Kendimle ilgili sorduğum soruların hepsi diğerini tanımak konusunda da geçerlidir. İlişki kurduğum kişi Korku Kültürü içinde mi, yoksa Değerler Kültürü içinde mi yetişti? İçindeki çocuk utanca boğulmuş biri mi, yoksa benim iç çocuğumla oynamaya hazır cıvıl cıvıl biri mi?

Evlenmeyi düşündüğüm kişi birbirimizin en mahrem, en güçlü tanığı olacağımızın farkında mı? En güçlü ve en mahrem tanık olmanın sorumluluğunu alacak akıl ve duygusal olgunluğa sahip mi?

İnanç ve değerlerini kendi seçimleriyle oluşturmuş biri mi, yoksa bir kültür robotu olarak kalıplanmış biri mi? Evlilikten Korku Kültürü'nün BEN ilişkisini mi bekliyor yoksa Değerler Kültürü'nün BİZ ilişkisini mi?

Duygularının farkında mı? 'Geçim ehli olmak'tan ne anlıyor? Haksız olduğunda özür dilemek, gönül almak, ortak değerleri ilişkide yaşatmak gerektiğinin bilincinde mi? Özür dilemeyi kendine olan saygısını kaybetmemek için mi yapıyor, yoksa gelecek bir kötülüğü engellemek için mi? Karı-koca ilişkisi içinde mahrem, kırılgan, incinebilir yönlerimi açabileceğim bir can dostu mu, yoksa en yakınıma sızmış bir yabancı mı?

Evlenmeden önce müstakbel eşinizi tanımaya çalışmak ve anlamak olgun bir insan olarak sizin sorumluluğunuzdur. Evlendikten sonra, "Sen niye böylesin!" diye suçlamak ve onu değiştirmeye çalışmak fayda etmez; yazık olur, mutsuz evlilikler kervanına bir de sizinki katılır!

Aşağıdaki mektubu yazan genç kadın evlilik öncesi kafasına takılan önemli bir soruyu dile getirmiş:

Evlilikle ilgili endişelerimi özetlemek istiyorum. Ailemin 3 çocuğundan ortancasıyım. Öğretmenim. 25 yaşındayım. Annem ev hanımı. Dolayısıyla evlilik ve ev yaşantısı konusunda evle alakalı sorumlulukların çoğu anneme düşüyor bizim evde. Ama genel olarak annem de ve babam da sorumluluk sahibi insanlar oldukları için annemin iş yüküyle alakalı şikâyet ettiğini hiç duymadım. Babam, çoğu çalışan babanın aksine, beni ve kardeşlerimi yetiştirme sorumluluğunu tam da olması gerektiği gibi annemle paylaşmış, hatta evde geçirdiği va-

kit annemden daha az olmasına rağmen bizimle belki de daha fazla ilgilenmiştir diyebilirim.

Özellikle toplumumuzdaki cinsiyet rolleriyle ilgili farkındalığın yeterli düzeyde olmadığını düşünenlerdenim. Nişanlımla yaşadığımız sorunlardan da çözülmesi en zoru ve kültürümüz sebebiyle en yerleşmiş olanı bu cinsiyet rolleri konusundaki fikir ayrılığımız diyebilirim.

Nişanlımla evlenme kararı alıp birlikte yaşamak istememizin sebebi pek tabii birbirimizi sevmemiz; ancak yine de aynı evi paylaşacağımız için bazı konularda önceden konuşma gereği duydum. Çünkü toplumumuzda alışılageldiği gibi "evin içi kadının dışı erkeğin" tarzında gelenekçi bir düşünceye sahip değilim. Ve evliliklerin çoğunda gördüğüm, kadının üzerine çok fazla sorumluluk yüklenmesi.

Aynı durumu yaşamak istemediğim için nişanlıma ikimizin de çalıştığını, evdeki vaktim ondan fazla olsa da, ortak yaşamımızla ilgili paylaşmamız gereken sorumluluklarımız olduğunu, ikimizin vakitlerine göre bir iş bölümü yapmaya istekli ve hevesli olduğumu söyledim. Ama kendisi, daha önce aktardığım ve toplumumuzun çoğunda var olan düşünceyi destekleyerek büyümüş. Evle alakalı sorumlulukları üstlenemeyeceğini söyledi. "Ben yer silemem. Yemeği kadın eşine vermez mi sevgilim?" gibi düşüncelerle karşıladı beni. Onun çalışma saatleri benim iki katım neredeyse; dolayısıyla gerekirse evdeki sorumlulukların çoğunu alabileceğimi ancak bunu kadın olduğum için değil vaktim daha uygun olduğu için yapacağımı ona aktardım.

Ama bir ömür birlikte yaşamayı planladığım insanın böyle düşüncelere sahip olması beni çok üzüyor. "Kültürümüz böyle, etrafımdaki herkes böyle, ben ailemde de böyle gördüm," dediğinde kültürün toplumda geçmişten bugüne ge-

len davranışlar olduğunu, geçmişte uygulanan her şeyin bugün doğru olmayabileceğini, ailelerimizde gördüklerimizi aynen aktarmamızın doğru olmayacağını, çünkü ailelerimizin hem birbirinden hem de bizim kuracağımız yeni aileden farklı olduğunu anlattım. Ortak paydada buluşmaya gönüllü olduğumu, kültüründen tam anlamıyla bağımsız davranamayacağının farkında olduğumu ancak benim de bir kültürüm olduğunu, onun büyüdüğü evin aksine benim büyüdüğüm ailede, evde babamın da rolleri üstlendiğini, bu yüzden ikimizi de mutlu edecek bir şeyler bulmamız gerektiğini söyledim.

Çok zor bir şekilde de olsa, yapıcı konuşmaya çalışarak objektif bakabildiğini gördüm. Konuşmalarına da yansıdı bu. Ancak şimdi, "Ailemin yanında senle ev sorumluluklarını paylaşsam gelecek yorumları tahmin ediyorum. Benim için üzülürler," şeklinde endişeleri var. Yaptığımızın kötü bir şey olmadığını, hayatı paylaştığımızı söylüyorum. Ama yine de 27 yıllık alıştığı bir geçmişi var ve bu süreçte onu kırmadan, kendime de haksızlık etmeden evliliğimizi güzel bir zemine oturtmak istiyorum. Toplumumuzdaki erkeklerin çoğunda var olan "erkeklik gururu" problemi konusunda yardıma ihtiyacımız var sanırım.

Mektup yazan değerli hanımefendiyi kutlarım; evlenmeden önce müstakbel eşiyle ilgili gözlemler yapıp evlendikten sonra çıkacak muhtemel sorunların farkına varmış. Ve çok önemli bir adım daha atmış; onunla bu konuları konuşabildiği bir sohbet içine girmiş. Ültimatom vermiyor, şöyle yapmazsan bak seni fena yapar, şöyle cezalandırırım demiyor. Onun yerine, "Biliyorum yaygın kültür böyle, ama benim babam olgun bir insan olarak önümde bir örnek oluşturdu ve ben sosyal rollere bağlı kalmak yerine, seninle insan insana bir ilişki içinde evlilik kurmak istiyorum," diyor. Ve karşıdaki de insan! Bazı kaygıları olmasına rağmen, alışkanlıklarına değil, 'doğru olan'a değer vermeye yöneliyor. Kendisinden beklenen bir değişim talebine, *"çok zor bir şekilde de olsa, yapıcı konuşmaya çalışarak objektif bakabildiğini"* öğreniyoruz.

Evlenmeden önce ilişkiyi önemseyen, ilişkiyi açık seçik gözlemleyip üstüne konuşan, sohbet eden, zaman ve emek veren çiftler, evliliklerinde bu çabalarının sonucunu görecektir. Unutmayın, evlendikten sonra konuşması zor olacak birçok konu evlenmeden önce daha rahatlıkla konuşulup çözüme ulaştırılabilir.

III- Sistemi Tanımak

Daha sonra mektubuna yer vereceğim boşanmış bir kadın okurum şöyle yazmış: *"Kapımı kapatırım, huzur bozan ailesi dışarıda kalır diyordum; fakat içeride zaten onları temsilen bulunan, onlar tarafından yetiştirilmiş eşim var..."*

Evet, her ilişki gibi evlilik de bir sosyal ortam içinde oluşur ve yaşar. Olgun insan, evlendikten sonra eşinin ailesiyle ilişkilerinin olacağını bilir. Ve ilişki içinde olacağı kayınpeder ve kayınvalidesinin duyguları, beklentileri, inanç ve değerleri olduğunu da bilir. "Onları tanıyor muyum?" sorusunu sorar. Hoşuna gitse de gitmese de onlar BİZ'in bir parçasıdır artık. Onlarla ilişkimiz ya Korku Kültürü içinde oluşup gelişecektir ya da Değerler Kültürü içinde. Olgun insan önceden bu soruları sormak, bu konular üstünde düşünmek sorumluluğunu hisseder. Bunlardan sorumluluk almazsa ne olur? Kitap boyunca sizinle paylaştığımız mektuplar, aileleri hesaba katmayan, içinde yaşadığı sistemden sorumluluk almayan evliliklere ne olduğunu anlatacak! Buraya kadar olgun insanın kendini, ilişki içinde olduğu diğer insanı ve ilişkinin içinde yaşadığı sosyal sistemi gerçekçi olarak sorgulayıp farkında olması gerektiği üzerinde konuştuk. Olgun insan hayatın şimdi-burada yaşandığının da farkındadır; yaşamın en önemli gerçeğinin 'şimdi-burası' olması ne demektir; kısaca bir göz atalım.

Şimdi-Burada Yaşadığının Farkında Olmak

Olgun insan kendisinin, karşısındakinin ve içinde bulunduğu sosyal sistemin farkında olduğu kadar şimdi-burada yaşadığının, her anın bir şeyler öğrenebileceği yeni bir deneyim olduğunun farkındadır. İki kişi düşünün, biri 88 diğeri 78 yaşında ölüyor. Hangisi daha çok yaşadı? Sadece yaşanan yıllara bakarsanız, 88 yaşında ölen daha çok yaşadı dersiniz. Ama diyelim ki, 88 yaşında ölen kişi bir kültür robotu olarak yaşamış olsun. Bu kişiye, neden ekmeğe basmadığını sorsaydık, ekmeğe basmanın günah olduğunu söyler ve açıklaması orada biterdi. Buna karşın 78 yıl yaşayan kişi, kitap okumuş, sorgulamış, gözlemlemiş ve sürekli öğrenip geliştiği için yeni farkındalıklar içinde hayatına anlam vermiş olsun. Bu kişiye, neden ekmeğe basmadığını sormuş olsaydık, ekmek neden 'mübarek' anlatır, doğanın üreticiliğine, insan emeğine, işbirliğine, halden anlamaya saygılı olmaktan bahsederdi. Bu değerleri kendi iç tanıklığı içinde sadece vicdanına hesap vererek yaşatmanın hayatına kattığı zenginlikten söz ederdi.

Bu iki kişiden hangisi daha çok yaşadı sorusuna sadece yaşanan yıllara değil, yıllar içinde yaşanan deneyimlerin derinliğine ve kazanılan farkındalıkların sayısına ve türüne bakarak cevap verirseniz, 78 yaşında ölen daha çok yaşadı dersiniz. Olgun insan şimdi-burada yaşadığı için, her an yaşadıklarına anlam verdiğinin, olaylara kültürel şablon tepkileri vermek yerine bireysel seçimler yaptığının farkındadır. Şükür, küfür ve umursamazlık seçenekleri arasından şükür duygusunu seçerek yaşar. Konfor, keşif ve panik alanlarını tanır ve şimdi-burada hangi alanda olduğunun farkında olarak yaşamla dans eder. Şimdi-burada yaşadığının bilincinde olan kişi, geçmişinin farkında olduğu gibi, hayatına heyecan ve şevk katan gelecekle ilgili hayallerinin de farkındadır. Bir kadın okurum şöyle yazmış:

38 yaşımda, 10 yıllık evli biriyim. Evlilikte denge ve zamanlamanın önemli olduğuna inanıyorum. Eşlerden biri düştüğünde diğerinin kaldırabilecek güçte olması, biri yetişemediğinde öbürünün bayrağı alıp yarışı tamamlaması gibi.

Olması gerekeni değil olduğu gibi yaşamasını birbirine öğretme ve yaşatma sanatı.

Çocuk!!

Hayatınıza çocuk girdiğinde durum daha da derinleşiyor bence, asıl zaman uyumu burada ön plana çıkıyor hatta. Sabır(!) kesinlikle göz ardı edilmemesi gereken ana başlıklardan birisi.

Bir kadın olarak erkeklerle aynı frekansta olmadığımızı öğrenmiş durumdayım. Ama onların frekansından iletişim kurabilmenin imkânsız olmadığını düşünüyorum. Konuşmadan tamamlanamıyorsunuz. Adına ister sohbet deyin, ister iletişim, konuşarak mutlaka sonuca varılıyor.

Belki ben şanslı bir evliyim ama şanslı olmadığını düşünenlerin de önce beklentilerinden arınıp sonra iletişimleri-

ni arttırmalarıyla kesinlikle bir sonuca varacağına inanıyorum.
Özetle ben evliliğin ne bir amaç ne de bir araç olduğunu düşünüyorum. Evliliğin kutsallığına, duygusuna, değerine içtenlikle inanan biriyim. Evlilik bir yaşam biçimidir bana göre. Sevgiyi de, öfkeyi de, coşkuyu da ve daha birçok şeyi de en uç noktalarına kadar yaşama fırsatı... Tadını çıkarmak sizin elinizde.

Evet, evlilik sürekli şimdi-burada yaşanır ve öğrenmeye açıksanız size sürekli öğrene fırsatları sunar. Evet, *"Tadını çıkarmak sizin elinizde."*

Bitirirken özetleyecek olursak, evlenmeyi düşünerek önemli bir yolculuğa çıkma hazırlığı yaptığınızın farkındasınız değil mi? Bu yolculuğun sizin yolculuğunuz olması için kendinizi tanımanız gerekiyor ki, yoldaşınızı doğru seçebilesiniz; kimi yoldaş olarak istediğinizi bilmek için kim olduğunuzu bilmeniz, hissetmeniz gerekir. Yolculuğunuz nerede kimlerle olacak? Yolculuğun içinde yer alacağı coğrafyayı, ekipte kimlerin olacağını bilmekte fayda var. Yolculukta her an için uyanık olmanız gerekir.

Şimdi doğru yoldaşı bulmak için nelerin farkında olmalıyız konusunu ele almaya hazırız.

Neden O?

*Sevmek emekmiş.
Emek ise vazgeçmeyecek kadar,
ama özgür bırakacak kadar,
Sevmekmiş!*

Can Yücel

Evet neden o? Neden onunla yaşam yoldaşlığı yapmak, bir ömür beraber yaşamak, bir evi paylaşıp yuva kurmak istiyorum? Onun bana çekici gelen yönlerinin farkında mıyım? Bedenen çekici bulabilirim; boyu, posu, endamı, gözleri, saçı, dudağı, gülünce görünen inci gibi dişleri, cinsel enerjisi bana çekici gelebilir. Peki, bütün bunlar kendimi bir ömür boyu onunla yaşamaya adamaya yeterli mi?

Bir okurum evlilik öyküsünü anlattığı uzun bir mektup yazmış. Bazı kısımları paylaşıyorum...

Eski eşimle üniversitenin ilk yılında tanıştım. Bana değer veren biri olması hoşuma gitmişti. Sonraki yıllarda ailemin tüm karşı çıkmalarına, onun ailesinin problemli tavırlarına hatta kendisinin defalarca ayrılmak istemesine rağmen ilişkimiz gizlice yapılan bir evlilikle resmiyet kazandı.

Yani görmesini bilen gözün daha baştan yakalayacağı birçok ipucu var.

Yıllar içinde, daha önce "O çok ince düşünceli biri, farklı biri, vs..." diye üstünü örtmeye çalıştığım psikolojik problemlerinin derinliğine şahit oldukça, "Ben nasıl oldu da bu kadar kör oldum ve böyle bir adamla evlendim," diye düşünmeye başladım. Eşler arası iletişimsizlik bence buz dağının görünen kısmı. Altındaysa problemli yetiştirilme tarzı, kişilik problemleri ve psikolojik sorunlar yatıyor.

Ne acı değil mi? Evlenmeden önce dikkate alınmayan önemli konuları, evlendikten sonra farkına varıp, "Ben nasıl oldu da bu kadar kör oldum ve böyle bir adamla nasıl evlendim," demek!

Ben eşimi çok erken yaşlarda (19 yaşında) tanıdım. Tabi o yaşta birini ne kadar tanıyabilirsen o kadar tanıdım. Bence evlenmeyi düşünen bir insan öncelikle kendini tanımalı ve ne istediğinden emin olmalı. Sırf biraz ilgi gördü diye, tıpkı benim gibi kapılıp gitmemeli. Eş adayını sadece bir sevgili olarak değil, gelecekteki çocuklarının babası olarak değerlendirmeli ayrıca.

Zamanında, "Ailesiyle evlenmiyorum, kapıyı kapatırsın herkes dışarıda kalır," diyordum. Ama kapıyı kapatsan da insanı yetiştiren anne-baba, evlenen karı-kocayla birlikte zaten o yuvanın içine giriyormuş. O yüzden artık evlenecek çiftlerin ailelerinin de uyumlu olması gerektiğine inanıyorum.

Terapiste evlendikten sonra değil evlenmeden önce gidilmeli bence. Evlenmeden önce göze küçük görünen sorunlar, evlendikten sonra başlıca kavga sebepleri olabiliyor ve problem ne kadar derindeyse o kadar sudan sebeplerle kavga çıkıyor.

Önemli bir mektup. İlk tanışma aşamasında çekicilik önemli. Kişinin görünüşü, giyinişi, hal ve tavırları ilişkinin başlangıcında önemli birer etken olarak karşımıza çıkıyor. Peki, ilk tanışma aşamasından sonra kişiyi yeniden buluşmaya ve kalıcı bir ilişkiye doğru adım atmaya yönlendiren şey nedir?

İlişkinin gelişme sürecine bir bakalım...

Tanışma Yolculuğu

Evliliğe giden ilişkinin gelişim sürecine baktığımız zaman şu aşamaları görüyoruz; ilk tanışma, daha sonra yeniden görüşme isteği, daha sık buluşmalar, arkadaşlığın oluşması ve sonra özel arkadaşlığa geçiş, bir süre sonra ailelerin haberinin olması ve bireylerin kendi aralarında sözlenmesi, ailelerin artık daha çok devreye girmesi ve kız isteme, ardından nişanlılık dönemi, nihayet nikâh ve düğünle birlikte evliliğin resmen başlaması.

Bütün bu süreç içinde en önemli soru, "Neden o?" sorusudur. Bu süreç içinde müstakbel eşinizin görünüşünün ötesine geçip aklını, duygularını, sosyal ve manevi yaşamını görme, tanıma ve anlama fırsatı bulabildiniz mi? Sağlıklı bir evliliğe gitmek için aşama aşama bir tanışma yolculuğu yapabildiniz mi?

Karşınızdakini tanımak için aşağıdakiler size yardımcı olabilir:

Arkadaş mı, sevgili mi?

Aranızda arkadaş enerjisi mi, yoksa sevgili enerjisi mi var? İlişki aşamalarında farkına varılması gereken önemli bir ayırım! İyi arkadaş olmak evlenme kararı için gerekli ama tek başına yetersizdir. Cinsel enerjinin olduğu bir sevgili ilişkisi de gerekir.

Aklı aklıma uyuyor mu?

Aklı aklınıza uyuyor mu? Düşünüş tarzı, konulara yaklaşımı ve olayları değerlendirişi sizinkiyle uyuşuyor mu? İddiacı bir tavır içinde sürekli haklı çıkmaya çalışan, bilgiçlik taslayan, her şeyi ben bilirim tavrı içinde olan biri mi?

Aşağıda, uzun bir mektuptan tanışma dönemiyle ile ilgili olan birkaç bölümü aldım. Dikkatle okunmaya değer...

Eşimle 2010 yılının haziran ayında üniversitenin son günlerinde tanıştık. Tanıştığımız dönemde annemle babam ayrılmak üzereydi, evden her gün gelen kavga haberleri, babamın beni arayıp sürekli kendini öldüreceğini söylemesi, kardeşimin tam da ergenlik döneminde bunlara şahit olması, her şeyin içinde ama bir o kadar duyarsız ablam ve başka bir adamla görüşen aklı başından uçmuş annem...

Tam da bu kâbusun ortasında tanıdım eşimi. O da babasını çocukken kaybetmiş, köyde anacığını bırakıp İstanbul'a ablasıyla yaşamaya gelmiş, temiz bir delikanlı. O zor günlerimde derdimi paylaştığım, belki de sadece anlatabildiğim için rahatladığım, kendimi kaptırdığım adam...

Şimdi anlıyorum ki ona karşı körmüş gözüm; hiçbir huyunu, tavrını, düşüncesini, hayata bakışını irdelemeden hayatıma almışım onu.

İki sene flört, iki sene de nişanlılık dönemi yaşadık, ama bu süre içinde birbirimizi tanımak yerine sadece sıkıntılarımızı paylaşmayı seçmişiz.

Ben çok sevdiğimi sanıyordum, ama anlıyorum ki sevgi değilmiş ona duyduğum ve ne olduğunu bilmiyorum o duygunun.

Eşim kadına, çocuğa, topluma, aileye değer vermeyen birisi. Onun için önemli olan sadece yaşamak; yani yemeye ekmek bulduysan şükret, fazlasını isteme mantığında. Önemli olan şey para; paran varsa her şey iyidir gibi düşünüyor.

Bense tam tersi aile olmaya, toplumda kabul görmeye, daha çok soyut şeylere değer veren biriyim. Para tabi ki önemli, ancak ilk sırada değildir benim için.

Mektubun kalan kısmı uzun bir mutsuzluk öyküsünü anlatıyor. Sormadan edemiyor insan, "Sevginin ne olduğunu çocuklarımıza öğretmeye ne zaman başlayacağız? Arkadaş olmanın ötesinde, sıkıntıları paylaşmanın ötesinde, hayat arkadaşını seçerken nelerin farkında olmalılar?"

Evet, tanışma yolculuğu üzerinde konuşmaya devam edelim.

Cinsellik ne kadar baskın?

Aranızdaki duygular anlamını cinsellikten mi alıyor? Cinselliğin baskın olması diğer duyguların gelişmesini ya da farkına varılmasını engelliyor olabilir mi? Sanat, roman, şiir, müzik, resim zevkleriniz uyuşuyor mu?

Sosyoekonomik konumunuz benzer mi, farklı mı?

Tanışmalar çoğu zaman benzer sosyoekonomik konumdaki insanların ortak sosyal ortamlarında gerçekleşse de, tanışan kişiler farklı konumlardan geliyor olabilir. Her sosyoekonomik grup kendine özgü giyim, yeme, eğlenme ve harcama alışkanlıkları geliştirir. Bu alışkanlıklardaki olası farklar ilk tanışma heyecanıyla fark edilmeyebilir, ama en kısa zamanda farkına varılıp üzerinde konuşulmazsa uzun vadede ilişkide önemli hasarlara neden olabilir.

Mutfak

Mutfak alışkanlıklarınız, yeme alışkanlıklarınız, beslenme tarzlarınız, iştahlarınız uyuşuyor mu?

Bu basit bir soru gibi görünse de, evliliğinizde her gün karşınıza çıkacak önemli bir konuyla ilgilidir. Tanışma aşamasında mutfak alışkanlıklarınızın farkına varmayı önemsediniz mi?

Aynı kuzeyi mi gösteriyorsunuz?

İnanç ve değerleriniz benziyor mu? Kurumlarda birlikte çalışma durumunda olan insanlara seminer verirken onlara gözlerini kapamalarını ve işaret parmaklarıyla kuzeyi göstermelerini istiyorum. Daha sonra işaret parmakları havada iken gözlerini açmalarını ve çevrelerindekilere bakmalarını söylüyorum. Herkes gülmeye başlıyor; çünkü her bir işaret parmağının kuzey diye birbirinden farklı yönleri gösterdiğini fark ediyorlar. Biri, "Arkadaşlar kuzeye yürüyelim," dese ne kadar karışıklık çıkacağını konuşuyoruz. Herkes kendi kuzeyine yürümeye kalksa kurumda çatışmalar, sürtüşmeler, çarpışmalar olacaktır. Daha sonra pusulayı çıkarıp ortaya koyuyor, pusulanın kuzeyini gösteriyor ve şu soruyu soruyorum: "Şirketiniz pusulanın gösterdiği kuzeyi mi kabul etsin, yoksa pusulaya uysa da uymasa da müdürün, ya da içinizden herhangi birinin kuzeyini mi?"

İnsanların pusulası kendi inanç ve değerleridir. Akılla yoğrulmuş ve üzerinde düşünülmüş değerleriniz sizin ilişkinizin pusulasıdır. Tanışma süreci içinde pusulalarınızın aynı yönü gösterip göstermediğinin ya da diğer bir deyişle, birbirinizin inanç ve değerlerinin uyum içinde olup olmadığının farkında olmak ilişkinin geleceği bakımından çok önemlidir.

Yukarıda verilen kavramların her biri insanların yaşamına somut deneyimler olarak giriyor. Aşağıdaki mektup evlenmeden önce tanışma döneminin önemini anlamış biri tarafından yazılmış:

Hocam merhaba. Otuz yaşındayım, sekiz yıldır evliyim ve beş yaşında bir erkek çocuğu annesiyim. Benim evliliğim biraz sıkıntılı. En başından başlayayım...

Biz 2006 yılında tanıştık ve birbirimize ilk günden itibaren önce değer sonra da çok masum bir sevgi verdik. Eşimle tanıştıktan bir sene sonra evlenmeye karar verdik, ancak çok büyük engellerle karşılaştık. Aramızda mezhep farklılığı olduğu gerekçesiyle eşimin ailesi beni istemedi ve şiddetle karşı çıktılar. İki sene direndik ve ne olursa olsun evlenmeye karar verdik.

Önce formalite icabı aileler tanıştı, ama hiç ısınamadılar ve annem beni, "Kızım sen bu aileyle yapamazsın, oğlan çok iyi, ama bunlar size huzur vermez," diye uyardı. Ama ben dinlemedim ve, "Ben aileyle evlenmiyorum, ben eşimi seviyorum," diyerek ayak direttim.

Kendi imkânlarımızla önce nişan sonra düğün yaptık. Yalanlarla süreci uzatmaya çalıştılar, evimize bir iğne bile almadılar, düğüne misafir gibi gelip gittiler vs. Ama ben eşimi çok sevdiğim için direndim, sabrettim ve mücadelemi bırakmadım.

Beni tanıdıkça severler, kabullenirler diye düşündüm ve en önemlisi değişeceklerini umut ettim, çok fazla anlamlar yükledim o aileye. Ailem bildim; kızları yoktu, beni kızları diye kabul ederler sandım, ama olmadı. Ne tesadüftür ki evleneli bugün tam sekiz sene oldu ve ne kaynanam ne de kayınbabam bana bir kere bile kızım demedi. Çok içime oturdu; kendim ilk çocuk ve ilk torun olduğum için sevgi içinde büyümüştüm. Ailem eşimi sevdi. Ben de onun ailesinden sevgi bekledim. Bizim buralarda bir laf var hocam; 'Köpeğin hatırı yoksa sahibinin hatırı var!' derler. Ben anladım ki, kendi oğullarının da hiç hatırı yokmuş ve beni bir türlü kabullenemediler.

Eşim de benim halime üzülüp gerçeği anlayınca, 'Ben hiç anne nedir bilmiyorum, bir kere başımı okşamadı, canımın istediği bir yemeği hiç söyleyemedim, ağlayınca koynuna basmadı, kafamı okşamadı ve bir kere bile oğlum demedi. Babamla ilgili de hiç iyi anılarım yok. Sen boşuna üzülme, kendi evlatlarına yapmayan sana da yapmaz,' dediği zaman ben birden on yaş daha büyüdüm.

Eşime hem eş hem anne oldum, annesinden göremediğini gücüm yettiğince ben vermeye çalıştım. Doğum yapınca iş yerine istifamı verdim, oğlumu yaşayıp ona emek harcayıp hafızasında güzel anılarla yer almak için, sevgiye anneye doysun diye gece gündüz onunla oldum. Karnını değil yüreğini doyurmaya çalıştım.

İnsan olma yolculuğu meşakkatli bir yolculuk; bu yolculukta insanın önce kendini tanımayı ve olgun bir insan olarak kendi yaşamında kendi değerleriyle var olmayı öğrenmesi gerekiyor. İnsan kendi olgunluğu içinde kendisi olamayınca ne doğru dürüst bir eş, bir anne ya da baba olabiliyor, ne de kayınpeder ya da kayınvalide.

Ne kadar olgun biri? Şimdi-burada yaşadığının farkında mı?

Geçen bölümde yaşamın şimdi-burada yaşandığını anlatmıştık. Evlenmeyi düşündüğünüz kişi şimdi-burada yaşadığının ne kadar farkında? Şimdi-burada olup bitenleri, konuşulanları, ilişkileri geniş bir farkındalıklar yelpazesi içinde mi anlamlandırıyor, yoksa bir kültür robotunun sınırlı kalıpları içinde mi? Çocukluk öyküsünün farkında mı? Kendi davranışlarından sorumluluk alıyor mu yoksa sürekli sorumluluğu bir başkasına mı atıyor?

Ben onu değiştiririm düşüncesinin yanlışlığının farkında mısınız?

Birbirinizin hoşlanmadığınız yönlerinin farkına varıp bunlar üzerinde konuşabilmek önemli. Bunu yapmak yerine, ilerde ben onu değiştiririm düşüncesiyle sessiz kalmak ve sonra eşini değişime zorlamak sağlıksızdır; iyi sonuç vermez. 'Ben onu değiştiririm' beklentisini yaşamış birinin mektubunu okuyalım.

Ben eşimle üniversitede tanıştım ve mezuniyetimiz sonrasında evlendik. Türkiye'nin önemli bir sorunu olan ve alttan alta hâlâ çalışan mezhep ayrılığı nedeniyle ailelerimizin onaylamadığı ya da mesafeli durduğu bir evlilik kararıydı bu. Eşimin anne ve babası hayatta olmadığından daha yoğun direnç benim ailemden geldi. Ege-İç Anadolu kültürel farklılığını iki yetişkin olarak geçirdiğimiz evlilik sürecimizde pek hissetmedik. Kızım doğduktan sonra fark ettiğimiz çocuk yetiştirme konusundaki farklılıklarımızı da zaman içerisinde bir yola koyduk.

Ben evliliğimin başındaki bu çatışmalara odaklandığımdan kendi beklentim bu yönde miydi çok hatırlayamıyorum, ama tüm evli arkadaşlarımda ve kendimde fark ettiğim kadınsı bir hatadan bahsetmek istiyorum. Kadınlar evliliğe adım atarken eşlerini olduğu gibi görmek, fark etmek, varlığını hissetmek yerine, "Ben istemediğim yönlerini nasılsa yolda değiştiririm," diyerek başlıyor.

Ve bu tutum nedeniyle evlilikteki çatışmalar da daha ilk başta ilişkiye dahil oluyor. Karşılıklı anlama çabasından önce değişime zorlanınca, en azından benim yakın çevremdeki ilişkilerde, erkekler savunmaya geçerek varsa değişim ihtimallerini de ortadan kaldırıyor. Benim en sık gözlediğim sorun budur.

Kendi ilişkimden vardığım sonuç ise kişi her zaman değişebilir; ancak bunun kaynağı kişinin kendisinden gelmelidir. Biz 20 yıllık evliliğimizde değişim süreçleri yaşadık. Tecrübe ettiğim kadarıyla kişinin kendisi değişmeden etrafının değişmesi mümkün değil. Yetişme koşullarını, anne-baba modellerini anlamadan eşinizi çözmeniz mümkün değil.

Bir insanı keşfetmenin heyecanını duymadığınızda, anlamanın yerine beklentiler, yorumlar ve yargılar devreye giriyor. Bu da yoğun hislere, görüşün azalmasına, gönülde mesafelere neden oluyor.

Bu ifadenin altını çizmek istiyorum. *"Bir insanı keşfetmenin heyecanını duymak!"* Muhteşem bir ifade. Bu kişi yeni tanıştığınız muhtemel eşiniz olabilir, yeni doğan çocuğunuz olabilir, haşarılık yapan bir öğrenciniz olabilir. O insana, keşfetmek isteği ve heyecanı içinde bakabilmek müthiş bir farkındalık olgunluğu ister.

Ben erkek ve kadın dünyalarının farklılığını da, birey olmaktan gelen farklılıkları da çok sonra öğrendim. Daha öncesinde insanların sanki basit önermelermiş gibi neden sonuç ilişkileri içerisinde hareket ettiklerini varsaymışım. Evliliğimin başında bu donanıma sahip olsaydım yaşadığım çatışmaların büyük kısmı yaşanmamış olurdu.

Evet, insanlar değişebilir; ne var ki, o değişim isteği bireyin kendi içinden gelmelidir. Korku Kültürü'nde yetişmiş biri denetlemeye ve denetlenmeye alışık olduğu için hemen karşısındakine değişmesini söyler ve onu denetlemeye başlar, ama bu yol insan insana bir ilişki için tehlikelidir. Değerler Kültürü'nde ise bireye saygılı bir yaklaşım söz konusudur. Sohbete girilen kişi, değiştiği zaman daha mutlu bir evlilik ortamı oluşacağını görürse, değişmenin zorluğunu göğüsleyerek gerekli adımları atmaya başlar.

Aileler

Tanışma süreci içinde müstakbel eşinizin ailesini ve yakın çevresini de tanımak için gayret göstermelisiniz. Nasıl bir ailede yetişti? Korku Kültürü içinde mi büyüdü? Eğer böyle bir ortamda büyümüşse, büyük olasılıkla sık sık utandırılmış ve 'seni umursamıyorum', 'sende bir sorun var', 'sen değersizsin', 'sana güvenilmez', 'sen sevilmeye layık değilsin' ve 'sen bir birey değilsin, bana bağlı bir kuklasın' mesajı verilmiştir.

Lütfen evlenmeyi düşündüğünüz kişinin ailesini tanıyın. Onun çocukluğunu nasıl bir ortamda geçirdiğini anlamaya çalışın. Ve Korku Kültürü'nün hakim olduğu bir evde büyüyen ve annesinin oğlu/kızı olmaktan kurtulamayan biriyle evleneceksiniz, nasıl sorunların sizi beklediğini bilerek evlenin.

Anne ve babanın çocuklarını kendilerine bağımlı kılmasının ötesinde bir başka önemli sorun kaynağı daha var; köyde ya da şehirde büyümüş olmak. Sık sık 'köylü' ya da 'şehirli' olmaktan söz edildiğini duymuşsunuzdur. Böyle bir ayırımı sadece yüceltme ya da yerme amaçlı olarak görüp tamamen reddetmek sorun çözmez, tam aksine sorun yaratır. O nedenle 'köy' ya da 'şehir'de büyüme farkının önemsemesi, muhtemel sorunları anlamak ve önlem almak açısından gerekli. Aşağıdaki mektup üzerinde düşünülecek önemli konuları dile getiriyor:

Biz tanıştığımızda ailelerimizle ilgili çok uç noktalarda olduğumuzu fark edemedik. Annem hukukçu, babam üniversitede halen öğretim üyesi bir profesör. Eşimin ailesi ise köyde yaşıyor ve o yaşamı çok seven insanlar. Aileler evlilik sürecimizde çok dikkatli davransa da yıprandığımı, bunun evliliğimize yansıdığını ve bazen eşimi mutsuz ettiğimi düşünüyorum.

Ailelerin bir araya geleceği en ufak vesilede bile eşimin rahatsız hissettiğini, maalesef aşağılık kompleksine kapıldığını düşünüyorum. Bana fark ettirmemeye çalışıyor, ama bana karşı hep yeterli değilmiş hissiyatı var. Eşimi seviyorum ve bu histen kurtulmasını çok istiyorum.

Köye gittiğimizde de benim adıma işler biraz sıkıntılı, çünkü hâlâ orada pek rahat değilim. Eşim olmadan gitmek istemiyorum ve bu da eşimi üzüyor.

Çocuk olduktan sonra işler iyice sıkıntı verici oldu; aileler daha çok müdahil. Çünkü benim ailem kızımın tam bir kentli gibi yetişmesini isterken eşimin ailesi de toprağa bassın, inekleri koyunları sevsin modunda. Bu arada ben, her iki ailenin gözünde de "Sen torunumuzu doğurdun, şimdi kenara çekilebilirsin," konumundayım. İstediğim hiçbir şeyin hükmü, ciddiyeti, geçerliliği yok, çünkü onlar 'deneyimli ve kaç taneee çocuk büyüttüler'. Bu da annelik duyguları içindeki beni çok üzüyor.

Evet, hiç kimse kötü niyetli değil ve herkes kendi bildiği doğruları çerçevesinde torunuyla ilişki kurmak ve onu sevmek istiyor. Bu tür farklılıklar çok önemli sorunlar çıkarabilse de, doğru iletişim ve ilişki yaklaşımıyla zengin olanaklar da sunabilir. 'Doğru iletişim ve ilişki' konusunu 'İlişkinin Canı Var!' Başlıklı bölümde ele alacağım. Burada altını çizmek istediğim, aile kültürlerinin farkında olarak, bilinçli bir kararla evlenmek.

Son kararı vermeden önce ailesini tanımaya, muhitini tanımaya, yakın arkadaş ve dostlarını tanımaya özen göstermekte yarar var. Çünkü bu kişiler siz evlendikten sonra sizi ve sizin evlilik ilişkinizi fazlasıyla etkileme potansiyeline sahiptir.

Önemli Farkındalık Soruları

Tanışma yolculuğunda ilerledikçe, kendinizi ve evlenmeyi düşündüğünüz kişiyi, daha iyi tanımak için bazı soruların sorulması gerekir. Bunlardan birkaçını aşağıda irdeliyorum.

Birlikteyken kendiniz olarak var olabiliyor musunuz?

Evleneceğiz kişi, "Yaşamında kendisi olarak var mı? Yoksa annesinin oğlu, babasının kızı mı?" Peki, "Siz kendi yaşamınızda kendiniz olarak var mısınız?" "Yaşam öykünüzün yazarı siz misiniz?"

İnsan olmanın gereği ne kadar susadığımızı, acıktığımızı, yorulduğumuzu bildiğimiz gibi yaşamımızda kendimiz olarak ne kadar var olduğumuzu da içten içe biliriz. İnsan kendisi olarak var olabileceği bir güven ortamı arar. Evlilik de böyle bir ortam olmalıdır; aksi halde mutlu olamazsınız. Peki birlikteyken kendinizi kendiniz olarak var hissedebiliyor musunuz? Bunu iki kutuplu bir ölçek üzerinde değerlendirebilirsiniz; '0' hiç var değilim, yokum, '100' tam anlamıyla varım anlamına gelse, beraberken siz ne kadar varsınız? Birlikte olduğunuz kişi kendini ne kadar var hissediyor? Kendisi olarak var olamayan insanın mutlu olması mümkün değildir! O nedenle birbirini tanıma sürecinde en önemli şey, birlikteyken kendiniz olup olmadığınız konusunda açık seçik bir anlayışa varmanızdır.

Beraberken konfor, keşif, panik alanlarından hangisindesiniz?

Onunla beraberken ne kadar konfor, keşif ve panik alanı deneyimi yaşıyorsunuz?

Konfor alanı hiçbir şey yapmadan, öğrenmeden hayatınızı olduğunuz gibi devam ettireceğiniz bir durumdur. Örneğin, yatakta uyurken konfor alanındasınızdır. Uzun süre konfor alanında kalan insan sıkılmaya başlar ve yeni şeyler keşfedecek ortamlara doğru açılmak ister. Bunu en açık seçik çocuklarda gözlemlersiniz. Çocuk bir şeyi kolayca yapabilecek hale gelinceye kadar hevesle tekrarlar. Belirli bir yetkinliğe ulaşıp öğrenecek yeni bir şey kalmayınca eski hevesi kalmaz. Yeni zorluklar arar; konfor alanından çıkmak, keşif alanına geçmek ister.

Keşif alanı yeni bir şeyin farkına varıp, onu anlama çabası gösterirken içinde bulunduğunuz durumdur. Kendinizi, yaşamı ve insanları anlamaya başladığınız bir seminerde, okuduğunuz bir kitabın sayfalarında ya da düşünen ve düşündüren bir dost ile sohbet anında keşif alanını yaşarsınız. Birkaç sayfa önce sizinle paylaştığım mektupta beni etkileyen *"Bir insanı keşfetmenin heyecanını duymak!"* tam bir keşif alanı cümlesidir. Keşif alanında yaşayan kişiler, sanatta, felsefede ve bilimde yeni şeyler keşfetmenin heyecanını yaşamış ve insanlığı bugüne taşımışlardır.

Panik alanı kendinizi güvende hissetmediğiniz, kaygı ve korku duyduğunuz bir durumdur. İnsan keşif alanındayken bazen sınırlarının ötesine geçip panik yaşayabilir. Çocuklarda gözlemişsinizdir; babasına, "Haydi korkut beni!" diyen çocuk kıkır kıkır gülerken, eğer baba korkutmanın dozunu biraz fazla kaçırırsa, ağlamaya başlayabilir. Çocuğun keşif alanındaki heyecanı korkuya dönüşmüş ve çocuk ne yapacağını bilemez bir halde ağlamaya başlamıştır. Panik alanında, sizin bilgi ve becerinizle yönetebileceğinizden daha fazla belirsizlik vardır; kendinizi boşlukta ve tehlikede hisseder, bir an önce o durumdan kurtulmak istersiniz. Panik alanından kaçan kişi keşif alanına değil, kendini tamamen güvende hissedebileceği konfor alanına dönmek ister. Bir süre konfor alanında kalır, daha sonra yeniden yavaş yavaş keşif alanına girmeye başlar. Keşif alanında kendine güveni tekrar arttıkça panik alanının kıyılarında gezmeye cesaret gösterir. Konfor, keşif ve panik alanlarına giriş ve çıkışlarda bireyler arasında farklar gözlenebilir.

Evet, önemli soru şu: Tanışma sürecinde, birlikteyken kendinizi sık sık hangi alanda hissediyorsunuz? Sürekli konfor alanında hissediyorsanız, bu sanıldığı kadar iyi bir şey değil. Yukarıda söylediğim gibi, çocukları gözleyin; uzun süre konfor alanı içinde kalmaktan hoşlanmazlar, kendilerini zorlayacak yeni durumlar ararlar ve 'haşarılık' yaparlar. Kendini keşif alanına koymak ve dünyayı, yaşamı, kendini keşfetmek insan doğasında vardır. İlişkide sürekli konfor alanı içinde olmak bir süre sonra insanı sıkar. İnsan keşfederken heyecanlıdır; keşif heyecanı yaşamın baharatıdır. Tanışmanın ilk başlarında birbirinizle ilgili keşfedilecek çok şey vardır. Buluşur, saatlerce yüz yüze konuşursunuz. Sonra eve gider, bu sefer telefonda, yine saatlerce konuşmaya devam edersiniz. Ve hiç sıkılmaz, çok keyif alırsınız. Evlilikte bu böyle devam etmeyebilir, ama yine de ara sıra yaratacağınız keşif ortamlarında birlikte zaman harcayabilmeniz mümkündür. Birlikte iken sık sık kendinizi panik ortamında buluyorsanız, bu ilişkinin geleceği hakkında bir kez daha düşünmeniz sağlıklı olacaktır.

Mükemmeliyetçi mi?

Sizin ya da görüştüğünüz kişinin özellikleri arasında mükemmeliyetçilik var mı? Mükemmeliyetçi insan Korku Kültürü'nün ürünüdür. Yaşamla dans etmeye değil, yaşamı denetlemeye meraklıdır. Ve yaşamı tamamen denetlemek mümkün değildir; çünkü bireyin denetimi altında olmayan yüzlerce değişkenin etkisi altındadır. Mükemmeliyetçi insan her şeyi ve herkesi denetlemeye çalıştığından huzur ve şükür duygusuna kavuşması zordur. Huzursuz ve öfkeli bir insanın yanında, huzurlu ve mutlu bir hayat yaşamak zordur.

Temel değer ve inançlarını tanıyor musunuz?

İnsan aşkın bir varlıktır; inanç ve değerleriyle kendini aşarak hayatının anlamını keşfeder. Tanışma süreci içinde birbirinizin inanç ve değerlerinin farkına varmanız çok önemlidir. Bunları açık ve dürüst bir şekilde konuşarak paylaşmanız evlilikteki ahenk ve huzurunuzun temelidir. Bu konu aynı dinden ya da mezhepten olma çerçevesini aşan bir konudur. Farklı dinlerden/mezheplerden olup, aynı değerleri paylaşıyor olabilirsiniz. Diğer yandan aynı dinden/mezhepten olup, aynı değerleri yaşamadığınızı da keşfedebilirsiniz.

Her biriniz için yaşamın anlamı ne? Bunun üzerinde düşündünüz mü? Değerleriniz uyuşuyor mu, çatışıyor mu? Bu konuları açık seçik konuşmanın önemli olduğunu düşünüyorum.

İçinizde saklı olan rol modellerinizin farkında mısınız?

Evlendikten sonra içinizden çıkacak eş modelini tanıyor musunuz? Evlilik sosyal bir kurumdur ve evlenince içinizdeki sosyal modeller canlanır ve sahneye çıkar. Kadın annesi gibi, erkek babası gibi davranmaya başlar ve ikisi de hayretle birbirine bakarak, "Sen değiştin! Evlenmeden önce böyle değildin!" derler.

Erken yaşlarda annesi ya da babasını kaybeden kişiler, rol model yokluğu içinde kiminle evleneceğine karar vermekte zorluk çekebilirler. Aşağıda mektubundan bir kısım aldığım okurum durumu şöyle özetlemiş:

Kırk yaşındayım ve bekârım. Hiç evlilik yapmadım. Ailemizde örnek alabileceğim bir evlilik olmadığından mıdır? Babamı erken yaşta ben lisedeyken kaybettiğimden midir? Yoksa kendi asosyalliğimden midir? Bilemiyorum, ama bu yaşıma kadar evlenmedim. Kaderimde evlenmek var mı? Tabi ki onu da bilmiyorum...

Ben evliliği, hayata ikinci bir başlangıç olarak görüyorum. Gönlüme göre biri karşıma hiç çıkmadı. Şansımı sanal âlemde denedim ama o da olmadı.

Babam kırk bir yaşında vefat etti. Dedelerimiz vefat etmiş, biz göremedik. Dayımlar uzaktaydı. Amcamız ilgilendi ama o da uzak şehirdeydi. Enişte desem biri alkolik. Halamın eşi onu terk etmişti, diğer bir halam deseniz yine aynı durum vs. vs...

Yani eş olarak rol model olacak bir baba ya da aile büyüğüm olmadı...

Evlenmeden önce kendi içinizdeki rol modeli, ya da rol model boşluğunu, tanımanız önemli.

Tanışma süreci içindeyken bu konuda birbirinizle konuşmaya başlamanız yerinde bir adım olur. Bu adımı atmazsanız evliliğinizde hayal kırıklığı ve öfke dolu bir dönem yaşayabilirsiniz.

Stresle nasıl baş ediyor?

Evleneceğiniz kişi stres ve çatışma anında saldırganlaşıyor mu? İlişkilerini baskın bir yaklaşımla BEN olarak mı, yoksa sakin ve sohbet içinde BİZ olarak mı yönetiyor?

Korku Kültürü'nde yetişmiş biri, daha önce söylediğimiz gibi, mükemmeliyetçi olma eğiliminden dolayı sürekli kaygı ve stres duyabilir. Belirli bir süreç içinde gerçekleşecek bir gelişmeyi beklemeye sabrı yoktur; hemen ilk denemede mükemmel netice almak beklentisi içindedir. Müstakbel eşinizi daha iyi tanımak için birlikte bir kampa gitmek, bir projede çalışmak, seyahat etmek, alışveriş yapmak çok önemli fırsatlar oluşturabilir.

Şu Konuları Yeteri Kadar Konuştunuz mu?

Evlilikten beklentileriniz?

Evlilikten beklentileriniz üzerinde konuşarak da birbirinizi tanıma fırsatı oluşturabilirsiniz. Tabii bu aşamada içinizdeki gerçek düşünce ve duyguları paylaşmanız, daha sağlıklı bir gelecek oluşturmanızı sağlar. Beklentiler çok farklı olabilir. Önemli olan bunları dürüst bir şekilde paylaşmaktır: "Arkadaşlarım evleniyor, benim de evlenme zamanım geldi"; "Farkına vardım; evlenmeden hayatımın anlamını tam yaşayamayacağım. Yaşam yoldaşımı bulup, birlikte yolculuk yapmak için evlenmek istiyorum"; "Bana kalsa hiç evlenmem. Ama evlilik Allah'ın emri"; "Çocuğum, hatta çocuklarım olsun istiyorum; onun için evleniyorum!"

Muhtaç olduğum için mi evleniyorum?

Yaşınız, içinde bulunduğunuz sosyal durumun baskısı ya da bir başka nedenle evlenmeye itilmişseniz ve zorlanıyorsanız, gönlünüz o ilişkide olmadığı halde evlenmek için buluşup görüşüyorsanız, şunu bilin ki, birbirinizle dürüstçe konuşmadan hiçbir zaman özgür olamazsınız. Birbirinize açık ve dürüst olmanız evlilikte mutlu olma ihtimalinizi artırır.

Cinsellikten ne anlıyorsunuz?

Cinsellikten aynı şeyi mi algılıyorsunuz? Cinsellik insan yaşamının en karmaşık ve en önemli gereksinmelerinden biridir. Cinselliğin temelinde doğal olarak biyoloji vardır; bu hayvanlarla paylaştığımız bir temeldir. Ama insan cinselliğinde farklı olarak, ayrıca akıl, gönül, sosyal bilinç ve manevi yaşam da yer alır. O nedenle evlilik sadece beden yoldaşlığı değil, can yoldaşlığı da başlatır.

Bir insana ısınamadığınız zaman cinselliğin gizemli heyecanı uzun sürmez. Cinsellikte bedenlerin aşıldığı ve ruhların birleştiği bir an vardır; işte o an göz göze gelmek ve ruhlarınızın kavuştuğunu hissetmek istersiniz. Ve o kişi artık sizin en can, en yakın, öz tanığınız, yoldaşınız olur. Artık onun bir bakışı ve gülüşü sizi heyecanlandırır, özel hissettirir.

Ne var ki, ilgisizliği, duyarsızlığı ve kabalığı da çok derinlerden incitir. Bu aşamaya gelmeden önce, en mahrem tanığınız olacak kişiyle tanışma sürecinde olduğunuzu unutmamak sağlıklı bir evlilik ilişkisinin temelini oluşturur.

Cinsellikten aynı şeyi mi anlıyorsunuz? Korku Kültürü'nde cinsellik, güçlünün bedensel arzularının yerine getirilmesi olarak anlaşılır. Değerler Kültürü'nde cinsellik her iki insanın, tüm varoluşunun bir ifadesidir. Her iki taraf da bilir ki cinselliğin kutsallığını kaybetmesi hayatı anlamsızlaştırır. Evlilikle gelen sadakat konusunda anlaşabiliyor musunuz? Eğer gönüllerinizin birlikte olduğu bir evlilik istiyor ve bunu önemsiyorsanız, aranızda cinselliğin kutsallığını kaybetmemesine özen gösterirsiniz.

Bir kadın okurum, utana sıkıla şöyle yazmış:

Affınıza sığınarak evlenirken annemin bana söylediği bir cümleyi sizinle paylaşmak isterim. Biraz kötü kelime var ama affınıza sığınıyorum artık.

Annem bana, "Evinin kadını, çocuklarının anası, kocanın orospusu olacaksın; yatağını, sofranı ve evini terk etmeyeceksin; terk ettiğin eve bir daha dönmeyeceksin," dedi evlenirken.

Bu nasihat, belki iyi niyetle söylenmiş olsa da; CAN'ın değil, YÜZ'ün nasıl olmasını öğütlüyor. *"Bedeniniz ruhunuzun sazıdır. Ondan hoş bir ezgi ya da uyumsuz sesler çıkarmak size kalmış,"* der Halil Cibran. Sizin evliliğiniz sosyal rollerinizin, yani YÜZ'lerinizin değil, CAN'larınızın yolculuğu olacaksa, cinselliği bedenlerden gönüllere çekin.

Her birimizin ilişkiye getirdiği ekipte kimler ne derece var olacak?

Her birimiz aslında görülmeyen bir ekibin parçasıyız. Müstakbel eşinizin, onu seven bir annesi, babası, kardeşleri, teyzesi, amcası, halası, dayısı, kendi yakın arkadaş ve dostları var. Evlenince onlar yok olup gitmeyecekler. Sizin de sevdiğiniz, değer verdiğiniz anneniz, babanız, yakınlarınız ve dostlarınız var. Siz evlenince onlar da yok olmayacaklar. Onlar da bir dereceye kadar sizin evliliğinizde var olacaklar. Ve onların varlığı sizin hayatınıza anlam katacak. Önemli soru şu: Sizin evliliğinizde siz ne kadar söz sahibi olacaksınız, ekibiniz ne kadar söz sahibi olacak? Bu konuyu açık seçik konuşmazsanız ilerde çok sorun yaşayabilirsiniz. Evliliğinizde herhangi bir ekibin fazla söz sahibi olması sorun çıkaracağı gibi hiç söz sahibi olmaması da sorun çıkarır. Onlar hayatımızda yeteri kadar olmalıdır ve bu 'yeteri kadar, ne kadar,' konusunda eşinizle anlaşmanız gerekir.

Aynı şeylere gülebilip aynı şeylere üzülebiliyor musunuz?

Mizah anlayışınız uyuyor mu? Bir insanın 'neye, nasıl güldüğü' onun mizah anlayışına işaret eder; ama, neye üzüldüğü de önemli. Her ikisi de insanın olgunluğunu yansıtır ve değerlerini nasıl yaşadığını gösterir. Tanışma sürecinde birlikte güldüğünüz ve üzüldüğünüz şeylerin ne olduğunu önemseyip, üzerinde durup dikkat etmek birbirinizi daha yakından tanımanıza yardım eder.

Sohbet edebiliyor musunuz?
Sohbet, karşımızdakine anlatmak, öğretmek, nasihat etmek değildir. Sohbet karşımızdakine üstünlük tasladığımız tek taraflı bir iletişim değildir. Sohbet iki eşit insanın yaşamı paylaştığı karşılıklı bir iletişimdir. Sohbette yaşamın müziğiyle olanı vardır; dinleme ve söyleme karşılıklı dans eder. Korku Kültürü içinde yetişenler ya güçlü ya zayıf, ya korkutan ya da korkan durumunda oldukları için eşit ilişki yaşamaya alışık değillerdir. O nedenle sohbet edemezler. Sohbet ancak Değerler Kültürü'nde yer alabilir ve sürekli bir keşif ortamı oluşturur. İyisiyle kötüsüyle her yaşam olayında mutlaka keşfedilecek, anlam verilecek bir yön vardır. Bunun gerçekleşmesi, ancak iki olgun insan arasında süregiden bir sohbetle mümkündür. İletişiminiz devam ederken, birbirinizi keşfedebiliyor musunuz? İletişimiz içinde gittikçe azaldığınızı mı yoksa çoğaldığınızı mı hissediyorsunuz? Unutmayın, yok olmak için değil, var olmak için evleniyorsunuz.

Tanıştığınız kişiyle güzel sohbetler yapabiliyorsanız, bilin ki o kişi özel biridir. İlişkide sohbetin yeri başkadır...

İçimde kalan çok hevesim var. Tekrar evlenmek istiyorum. Hâlâ annem gibi, bir adamın baş tacı, göz bebeği, tadı tuzu olmak hayalim var. Kocamla el ele gezmek, gülmek, tatile gitmek, sahilde oturup sohbet etmek, akşam kahvesini içerken koca günde ne yaptım ne ettim anlatmak, dinlemek, dertleşmek istiyorum.

Pazar sabah kahvaltısına sıcak ekmek, simit alan bir kocam olsun istiyorum. Akşam eve gelirken, "Bir şey istiyor musun," diye soran bir koca. Valla çok şey istemiyorum...

Sohbet içinde onun size ne kattığını, sizden ne aldığını hissetmeye başlarsınız. Açık seçik bilmenize gerek yok; içiniz hisseder. Sohbet içinde cinsel enerjinizi de keşfedersiniz. Aranızda oluşan cinsel enerji melodisini biyolojik temelli tek bir enstrüman mı çalıyor, yoksa akıl, gönül ve ruhun karıştığı çok sesli bir orkestra mı? İçiniz bilir, hissedersiniz!

Şöyle bir kenara çekilip hayal ettiğinizde 5, 10 ve 20 yıl sonra bu ilişki içinde kendinizi nerede görüyorsunuz? Sohbet içinde bunun da farkına varırsınız. Farkına vardığınız şey, içinize siniyor mu? Karar sizin.

Geleceğe kaygıyla mı bakıyorsunuz, yoksa umutla mı?

Korku Kültürü içinde yetişmiş biri sürekli kaygılıdır, çünkü güçlü olmadığı zaman güvende olmayacağını hisseder. Değerler Kültürü içinde yetişmiş biri kaygı yerine umut duygusu taşır. Kendisi yaşamın bir ekip işi olduğunu anlamıştır ve gücünü ekibin paylaştığı temel değerlerden alır. Gerçeğe saygı, empati, işbirliği, hakkaniyet gibi temel değerler ekip içinde yaşanıp yaşatıldığı sürece kaygılanacağı bir şey yoktur; yaşama umut ve şükür duygusu içinde bakar. Tanışma süreci boyunca hangi duyguları yaşıyor ve yaşatıyorsunuz farkında olun. Sürekli kaygılı ve vesveseli birisiyle yaşamak 'iğneli fıçı'ya girmek gibidir; mutlu olamazsınız.

Fedakârlık

İlişkinize baktığınız zaman fedakârlık yapmanız gereken yönler olduğunu görüyor musunuz? Peki, ya onun fedakârlık yapması gereken yönler var mı? Fedakârlık yapılacak şey onun için ne kadar önemli? Hiç konuştunuz mu? Peki fedakârlık yapmak size düşüyorsa, bu şey sizin için ne kadar önemli? Üzerinde düşündünüz mü? Cinsellikten mi, aklınızdan mı, inancınızdan mı, duygularınızdan mı, arkadaşlarınızdan mı, konforunuzdan mı fedakârlık yapacaksınız? Karşınızdaki fedakârlık yaptığında bu evlilikte kendisi olarak var olabilecek mi? Siz fedakârlık yaptığınızda bu evlilikte kendiniz olarak var olabilecek misiniz?

Hayaller

Birbirinizin hayallerini keşfetmeyi önemsiyor musunuz? Hayallerinizi paylaşmanız ve üzerinde sohbet etmeniz tanışma sürecinin önemli bir parçasıdır. Onun hayalleri içinde siz ne kadar varsınız? Sizin hayalleriniz içinde o ne kadar var? Evlenme kararını birbirlerinizin hayallerini bilerek vermek çok önemlidir.

Evliliğin öğrencisi olmak

Korku Kültürü'nde yetişmiş birisi yaşamı keşfetme merakı içinde değil, denetleme kaygısı içindedir. Tanışma süreci içinde şu soruları birbirinize sormalısınız: Biz evliliğimizin ve birbirimizin öğrencisi olmayı kabul ediyor muyuz? Yoksa birbirimize öğretmenlik mi taslayacağız? İnsan insana ilişkinin eşit insanların ilişkisi olduğunun farkında mıyız?

Eşlerin, özellikle çocuk yapmadan önce, birbirlerinin öğrencisi olup hem kendilerini hem de birbirlerini tanıması önemlidir. Aşağıdaki mektup bu konunun farkında olan ve bu dönemi iyi değerlendirmiş birinden geldi.

Ben 32 yaşındayım ve 5 senedir evliyim. Şu anda da ikiz bebeklerime hamileyim. Eşim 40 yaşında. Düşünüyorum da çocuk yapmak için bu 5 seneyi beklediğime çok memnunum. Çünkü evliliğin ilk başları benim için çok zordu. Eşim çok olgun, anlayışlı, üretken, hayata bağlı, barışçıl bir insan. Fakat ben hiç öyle değildim. Onun bağımsızlığı ve özgür ruhu, benim onunla adeta bir kişilik mücadelesine girmeme sebep olmuştu. Oysa onunla çatıştığım özellikler her zaman eş seçiminde aradığım özelliklerdi. Sürekli kavga çıkarır, gereksiz yere eşimi sıkboğaz eder olmuştum. Adeta durduk yerde mutsuzluk yaratıyordum. Sürekli her şeyi eleştiriyordum. Fakat eşim tüm bunları olgunlukla karşılayıp, bu hareketlerimde beni olduğum halimle bıraktı, bana katılmadı. Sakinliğiyle benim öğretmenim oldu. Ben de iyi bir öğrenci oldum. Çok okudum, araştırdım. Onun hayata karşı davranışını gözlemledim. Çözüm üreten, olaylara olumlu bakan, mücadeleci bir insan karşısında kendimin her şeyde sorun arayan, mutsuz biri olduğumu fark ettim.

Bu beni çocukluğumu düşünmeye sevk etti. Adım adım hayata bakışımı değiştirmeye başladım. Bu zorlu bir yolculuktu, hâlâ da devam ediyor. Ama şu anda eşime gerçek sevgimi gösterebiliyorum, dengeli bir ilişkimiz var. Onun da mutlu olduğunu görebiliyorum. Çocuklarımız da bu ortamın içinde doğacak. Hatta geçen akşam Geliştiren Anne-Baba kitabınızdaki evlilik değerlendirmesi bölümündeki maddelerin üzerinden geçtik ve konuştuk. Sıkıntılarımızı güzelce dile getirdik. O bölümün sonunda, önemli olan evliliğin nereye doğru gittiği, diye yazıyordu. Biz iyiye gittiğimizde hemfikirdik ve bu bizi mutlu etti.

Benim önerim, çocuk fikrinden önce eşlerin birbirlerine zaman vermeleri ve bu yolculuğun nereye doğru gittiğini gör-

dükten sonra çocuk sahibi olmaları. Bunun yanında, ilişkiler insanlar için her zaman en önemli öğreticiler oluyor. Önemli olan öğrenmeye istekli olmamız.

Çocuk sahibi olmadan önce birbirlerinin öğrencisi olmaya önem veren insanlar sadece kendi evlilikleri için değil, çocuğun sağlıklı yetişmesi için de önemli adım atmış oluyorlar.

Mahrem Tanışma

Geçmişi konuşmak

Evlenme kararı vermeden önce, geçmişte yaşadığınız ve evliliğinizi ilgilendirebilecek her şeyi birbirinizle dürüstçe paylaştınız mı? Geçmişiniz sadece sizi ilgilendirir ve bu konuda kimseye hesap vermek zorunda değilsiniz, ama müstakbel eşinizin bilmesi gereken şeyler olduğunu düşünüyorsanız, o zaman onunla paylaşmak isteyebilirsiniz. Bitmemiş bir gönül ilişkiniz varsa, geçmişle ilgili yaralanmışlıklar, incinmişlikler, acıtan yönler varsa konuşmak isteyebilirsiniz. Bunları söylemezseniz birbirinize karşı gerçek olamazsınız ve başlangıçtan 'mış gibi bir evlilik' başlar. Hem size, hem eşinize yazık olur!

Mahremiyete saygı

Çocukluktan beri hiç kimseye söylemediğiniz ama içinizde taşıdığınız bir sır olabilir. Farkına varmadan yaptığınız bir hata sonucu birinin canının yanmasına sebep olmuş ve siz de bunu açıklamaya çekinmiş olabilirsiniz. Mahrem hayatınızı oluşturan bunun gibi size özel anıları ve duyguları, sizi anlayacak bir tanıkla paylaşmak istersiniz.

Brene Brown özellikle kadınların utanç duygusuyla ilgili çalışmalar yapmış önemli bir sosyal bilimci. Kişinin kendi içinde sakladığı utançlar olduğu sürece tam olarak mutlu olamayacağını, doğru insanla cesurca paylaşılan utançların insanı iyileştirdiğini söylüyor. O zaman soru şu oluyor: Evleneceğiniz kişi mahreminize alıp, kırılgan yönlerinizi paylaşabileceğiniz biri mi? Sizi olduğunuz gibi kabul edeceğini hissediyor musunuz?

Evlenip karı-koca olmak demek, birbirinizin en mahrem tanığı olmak demektir. Bu mahremiyet insanı yakınlaştırır ve iki gönül dostu yapar; ama yeterli duyarlık gösterilmezse çok çok derinden yaralayabilir de. Kırılmış gönül tamir edilse bile, tıpkı bir vazoda olduğu gibi kırık taraf yine de belli olur.

Her ikiniz de birbirimizin mahremine saygılı olmamız gerektiğinin bilincinde misiniz? Bunun üzerinde düşünmekte fayda var. Kırılgan yönlerinizi paylaşabileceğiniz insana güvenirsiniz. Ve güven duygusu ilişkinin can damarıdır.

İlişkinin gizemini devam ettirmek

İlişkinizin gizemi nasıl devam eder, sorusu önemli bir sorudur. Mahremiyetiniz gizeminizdir. Kendi mahremiyetinizin farkına varıp, onu sahiplenip, ona saygı duymayı öğrenmeden, başkalarının mahremiyetine saygılı olamazsınız. Kırılgan yönlerinizi paylaşacak güvenilecek bir insanı bulmanız yetmez, paylaşmayı seçmediğiniz bazı boyutları kendinize saklamanıza saygılı biri olmalı. Gizeminizi korumanız, tanıklığınızı keşfedip, hem YÜZ hem CAN olarak kendinize derinden bir merhaba demenizle mümkündür. Bu bir olgunluk meselesidir ve olgunluk hiçbir zaman bitmeyen bir yolculuktur. Önemli olan yola çıkmak ve yolcu olduğunu bilmektir.

Tanıklık

Bir insan hayatının en güçlü tanığının kendisi olduğunun farkına varınca kendine olan saygısını kaybetmemeye özen gösterir. Bu insan, kendi değerleri çerçevesinde kendi vicdanına, kendi gözüne hesap vermeyi önemser ve 'güvenilebilecek bir insan' olmayı ulaşılabilecek önemli bir mertebe olarak görür. Kendinizin en güçlü tanığı olduğunuzun farkında mısınız? Aynı sorular eşiniz için de geçerli.

Kötü günler, iyi günler

Kötü günlerimde onun yanımda olmasını ister miyim? Onun da benim yanımda olmak isteyeceğini hissediyor muyum? Onun kötü günlerinde ben onun yanında olmak istiyor muyum? O da benim onun yanında olmak isteyeceğimi hissediyor mu? Bu soruları birbirinize doğrudan sormanıza gerek yok; ilişki içinde zamanla cevapları hissedersiniz. Eğer hissedemezseniz, kararınızı bir kez daha düşünün. İyi gün, yanınızda paylaşacak dost varsa anlam kazanır ve tatlanır. Kötü gün, yanınızda paylaşacak dost varsa daha rahat atlatılır.

İç çocuklarınız arkadaş olabiliyor mu?

Bu birliktelikte iç çocuklarınız arkadaş olabiliyor mu? İç çocukları arkadaş olmuş eşler oyuncudurlar; nefis bir mizah anlayışı içinde kendileriyle ve birbirleriyle dalga geçip oyun oynayabilirler. Evliliğinizde iç çocuğunuzun kendini yalnız ve öksüz hissetmemesi çok önemli! Onun iç çocuğu sizin umurunuzda mı? Sizin iç çocuğunuz onun umurunda mı? Tanışma süreci içinde iç çocuklarınızı da tanıştırdınız mı?

Potansiyel Anne-Baba

Çocuğumun eşim gibi olmasını ister miyim?

Evet, çocuğunuzun evlenmeyi düşündüğünüz insan gibi olmasını ister misiniz? Bu gerçekçi ve önemli bir soru. Çocuklar rol model olarak gördükleri anneleri ve babalarından çok etkileniyorlar. Çocuğunuzun evlenmeyi düşündüğünüz kişiye benzemesine olumlu yaklaşıyorsanız, doğru bir evlilik kararı verme yolundasınız demektir. Diğer taraftan, böyle bir şeye tamamen karşıysanız, o kişiyle evlenmeye karar vermeden önce bir kez daha düşünün derim. Çünkü siz isteseniz de istemeseniz de, çocuğunuz sizden ve eşinizden etkilenecek ve anne-babasına benzeyecektir. Müstakbel eşinizin iyi bir rol model olup olmayacağını şimdiden düşünmeniz sizin evlenme olgunluğunuzun önemli bir işaretidir.

Bir de, *"Çocuğumun benim gibi biri olmasını ister miyim?"* diye sorun. Cevabınız "Hayır!" ise bir kez daha düşünün. Evlenmeden önce, kendi gözünüzde saygıdeğer bir insan olmanız çok önemlidir.

Sorumluluk Bilinci

Evlenmeyi düşündüğünüz kişinin üç konuda sorumluluk bilinci geliştirmiş olmasını önemseyin:

1. Para,
2. Zaman,
3. İnsan ilişkileri.

Evlenme olgunluğu demek bu üç konuda sınırlar ve sorumluluk bilinci geliştirmiş olmak demektir.

Müstakbel eşiniz parasının değerini biliyor mu? Para insanın hayatına olanaklar getirir. Böylece hasta zamanınızda daha iyi tedavi olanaklarına kavuşursunuz, çocuğunuza daha iyi eğitim olanakları sağlarsınız, dünyayı gezme görme fırsatları yaratabilir, geleceğinize güvenle bakabilirsiniz.

Müstakbel eşiniz zamanın değerini biliyor mu? Zaman yaşamın kendisidir. Zamanı bilinçli kullanarak potansiyelinizi geliştirir ve olanaklarınızı artırabilirsiniz. Değerler Kültürü içinde yetişmiş biri zamanın muhteşem bir potansiyel olduğunun bilincinde olarak yaşar. Zaman israfı en büyük israftır. Tanışma süreciniz içinde kişinin zamanın değerini bilip bilmediğine dikkat ediyor musunuz?

Yaşam bir ekip işidir ve ilişki bilinci ekibin en önemli sermayesidir. İlişkisinden sorumluluk almak olgun insanın en belirgin özelliğidir. Ağzından çıkan lafı kulağı duymayan patavatsız biriyle evlenen birinin çok kırılıp inciniceğini tahmin etmek zor olmasa gerek. Kitabın ilerleyen bölümlerinde ilişki bilincini daha ayrıntılı ele alacağım.

Düğün Deyince...

Bir okurum şöyle yazmış:

> *Evliliğin zirvesinin gelinlik giymek olduğunu düşünen bir toplumuz biz Doğan Bey. Filmlerde bile mutlu son bir evlilik töreniymiş gibi beynimize kazındı ve bu beyinleri uyuşturdu. Bu uyuşturucunun etkisi geçince asıl problemler tüm çıplaklığıyla ortaya çıkıyor...*

Evet, nikâh ve düğünü yerli yerine koydunuz mu? Evlilik ömür boyu devam edecek bir maraton koşudur. Düğün bir geceliktir ve sizin beraberliğinizi kutlamak, yüceltmek için vardır; başka amacı yoktur ve olmamalıdır.

Dokuz yıllık evli bir başka okurum, internette paylaşılan düğün fotoğraflarıyla ilgili düşündüklerini aktarmış.

Az evvel, her akşam yaptığım gibi, sosyal medya hesaplarım arasında dolaşıyordum. Yine pek çok düğün/nikâh fotoğrafı çarptı gözüme, sonra da sizin yeni kitabınız için bizlere yaptığınız çağrı... Yanlış anlaşılmasın, bu gördüğüm fotoğraflar yeni evlenen çiftlere ait değil; evleneli en az bir yıl olmuş, bazılarıysa iki yılı devirmiş insanların her hafta yayınlamayı sürdürdükleri cinsten. Arşivdeki stok tükenince araya kına/nişan fotoğrafları girse de döngüde tekrar ve tekrar aynı fotoğraflar dolanıyor. Damatlar eğer karedeyse (nadiren), asla başrole ortak değiller. Şansları varsa, gelinin pozuna yardımcı aksesuar niteliğinde obje olabiliyorlar.

Evlendikleri günden beri neredeyse her hafta gelinlikli fotoğraflarını yayınlayan bu kadınlar, "acaba o gelinlikleri giyebilmek için mi evlendiler?" diye düşünüyorum bazen. İtiraf etmeliyim ki, başkalarının hayatları hakkında en ufak merak beslemeyen ben, "Bu insanların evlilikleri acaba gerçekten iyi gidiyor mu?" diye geçiriyorum içimden. Dışarıdan göründüğü gibi "önce/sadece ben" duygusu taşıyan evlilikler mi bunlar, yoksa evlenince kendilerini tamamlanmış hissettikleri için mi daima bunu görüntüleme ihtiyacını duyuyorlar? Belki bundan da biraz bahsedersiniz yeni kitabınızda.

Düğün bir maddi güç gösterisi olmamalı, çiftlerin beraberliğine katkıda bulunacak şekilde planlanmalıdır. İsrafa kaçarak yeni evlileri yıllarca borç altında bırakacak düğünler yapmak evliliğin temellerini sarsar. Evlenme olgunluğuna gelmemiş olanlar düğünü çok önemser, hayallerinde düğünü yaşar ve yaşatırlar.

Düğünü abartıp, evliliği geri plana itmek taraflar arasında çatışmalar, olumsuz tavırlar yaratabilir! Düğünü çok önemseyerek evliliğinize zarar verebileceğinizin farkında mısınız? Düğün hayallerinin farkında olun, ama önemli olanın sizin karı-koca ilişkinizi temsil eden evliliğiniz olduğunu unutmayın. Sizin evliliğiniz düğüne kurban edilen vitrin evliliklerinden birisi olmasın.

Sözün Kısası

*Sevgiyi değerli kılan,
uğruna ölünmesi değil
uğruna emek verilmesidir.*

Sezai Emre Güden

Kiminle evleneceğinize karar vermeden önce kendinizin ve evleneceğiniz kişinin nasıl bir sosyal ortamda yetiştiğini bilmek önemli. İnsan evlendiği kişiyle kendini güvende hissetmek ister. Güveni sağlamak için tarih boyunca iki kültür gelişmiştir:

1. Denetim Odaklı *Korku Kültürü,*
2. Gelişim Odaklı *Değerler Kültürü.*

Korku Kültürü gücünü korkudan alır. Ailede güveni sağlayan kişi en güçlüdür, denetler ve korkulması gerekir. Çatık kaşlı, asık suratlıdır. "BEN bilirim," der ve herkesin "Evet, siz bilirsiniz," demesini bekler. Korku Kültürü'nde yetişen birey için yaşamın temel cümlesi şudur: "Güvende olmak istiyorsan, ya diğerlerinden güçlü ol ya da senden güçlü birinin kanadının altına sığın!"

Değerler Kültürü gücünü ve anlamını paylaşılan değerlerden alır. Ailede güveni sağlayan herhangi bir kişi değil, paylaşılan adil ortamdır. Bu adil ortam 'saygı', 'sevgi', 'halden anlama', 'dürüstlük' ve 'işbirliği' gibi BİZ bilincini geliştirici değerler üzerine kurulmuştur. Değerler Kültürü'nde yetişen birey için yaşamın temel cümlesi şudur: "Güvende olmak istiyorsan, gerçekleri temel alan değerleri yaşa ve yaşat; BİZ olarak gelişmeye devam ettiğin sürece güçlü ve güvende olursun!"

İnsanlar içinde yetiştikleri güven kültürüne göre yaşama anlam verirler. Korku Kültürü'nde bir kültür robotu olarak yetişmiş kişi, ona empoze edilmiş anlam verme sisteminin hangi değerleri temel aldığının farkında değildir. Olaylar karşısında düşünmeden verdiği ezberlenmiş tepkileriyle yaşar. Gelişmiş olgun insan içinde yaşattığı anlam verme sisteminin temelindeki değerlerin farkındadır ve bilinçli seçimleriyle yaşar. Hangi güven kültürü içinde yetiştiğini bilmek, bireyin kendini anlamak için atacağı ilk önemli adımdır.

Korku Kültürü ortamında büyüyen biri büyük olasılıkla içinde utanca boğulmuş, güvensiz, korkak, kaygılı ve hüzünlü bir iç çocuk taşıyacaktır. Değerler Kültürü ortamında büyüyen birisinin iç çocuğu özgüvenli, umutlu, özgür, coşkulu olacak ve yaşamla dans etmeye hazır olacaktır.

Utanca boğulmuş bir iç çocuk evlilikte BİZ'i oluşturmaya engel olur; ilişkiyi korku, kaygı, keder ve öfkeyle doldurur. İç çocuk kendini 'önemsiz', 'tuhaf', 'değersiz', 'güvenilmez', 'sevilmeye layık olmayan' ve 'kimsenin ilişki kurmak istemediği biri' olarak görür. Kendini yalnız ve öksüz hisseder; hayatla ilgili her konuda kıskanç ve kaygılıdır!

Sağlıklı iç çocuğu olan insan evlilikte BİZ'i oluşturabilir; ilişkiyi sevgi, umut, istek ve şükür duygusuyla doldurur. İç çocuk kendini 'önemli', 'doğal', 'değerli', 'güvenilir', 'sevilmeye layık' ve 'herkesin ilişki kurmak istediği biri' olarak görür. Kendini dostlarla çevrilmiş hisseder; hayatla ilgili her konuda umutludur! Kendi özüyle barışık insan iyi eş olur. Kendisiyle barışık kişi kendini BİZ'in içinde tanımlar. Kişisel seçimleriyle kendini var eder ve yaşamında kendisi olarak var olur. Başkalarının da kişisel seçimlerine saygı gösterir ve kendileri olarak yaşamlarına olanak tanır.

Anlam arayışı insanın en temel gereksinmesidir. Olgun insan, anlam arayışında inanç ve değerlerinin oynadığı önemli etkiyi bilir.

Olgun insan duygularını tanıyan ve anlayan bir insandır. Sevginin, saygının ne olduğunu bilir. Sevmek ile acımayı birbirine karıştırmaz. Hayran olmak ile sevmeyi ayırt edebilecek olgunluğa erişmiştir. Kendi sorunlarının, kendi stresinin sorumluluğunu başkasına yüklemez. Sorunlarıyla yüzleşir ve onları çözmek için kendi etki alanı içinde yöntemler, stratejiler geliştirir.

Olgun insan kendini tanıdıkça ilişki içine girdiği diğer insanı da tanımaya önem verir. Evleneceği kişinin hayatının en önemli, en güçlü, en mahrem tanığı olduğunun farkındadır. Evlenmeden önce müstakbel eşini tanımanın kendi sorumluluğu olduğunun farkındadır. Sağlıklı bir evliliğe giden yolda aşama aşama bir tanışma yolculuğu yapabilmek çok önemlidir.

Olgun insan yaşamı şimdi-burada deneyimlediğinin farkındadır. Yaşamına şimdi-burada anlam veren geçmişi ile heyecan ve şevk veren geleceğinin, hayallerinin farkındadır.

Olgun insan içinde yaşadığı sistemin farkındadır. Eşinin ailesiyle ilişki içinde olacağını bilir ve onların duyguları, beklentileri, inanç ve değerlerini dikkate alır.

Artık ilişkilerinizi geliştirmenin önemini kavramış biri olarak gelecek bölümde ele alacağımız konuları gözden geçirmeye hazır olduğunuzu düşünüyorum.

ÜÇÜNCÜ BÖLÜM

İletişim Olgunluğu

*İnsan insana sohbetin olmadığı yerde,
bitmemiş hesaplar vardır.*

DC

Evliliğe giden yolculukta çiftler arasında sağlıklı bir ilişki gelişmesi, gelecekteki mutlulukları için vazgeçilmezdir. Peki, sağlıklı bir ilişki geliştirmek için neleri bilmeli ve nelerin farkında olmalıyız? Bu bölümde, iletişim olgunluğundan söz edeceğim. İletişim olgunluğu her ilişki için önemlidir; iletişim olgunluğu yoksa iki iyi insan bile evliliklerinde huzur bulamazlar. İletişim olgunluğunun temelinde, kişinin iletişim ve ilişki konusunda farkındalıklar geliştirmesi yatar.

İletişimin Kaçınılmazlığı

İki insan birbirinin farkına vardığı anda iletişim başlar. İletişim insanlar arasında mesaj alışverişidir. Mesaj insanlar için anlamı olan her şeydir; bir söz veya yazı olduğu gibi, bir davranış, giyiniş veya olay da mesaj olabilir. İki insan birbirinin farkına vardıktan sonra söyledikleri, söylemedikleri, yaptıkları, yapmadıkları, giydikleri, giymedikleri her şeyin mesaj değeri vardır.

Sözlü mesajlar vardır, doğrudan konuşarak ya da yazarak ifade edersiniz. Bir de sözel olmayan beden duruşu, yüz ifadesi, giydiğiniz giysi veya durduğunuz mesafe gibi unsurlar aracılığıyla dolaylı olarak ifade edilen sözsüz mesajlar vardır. Aynı mesajı sözlü ya da sözsüz ifade edebilmek mümkündür: Biri diğerine sözle küfür edebileceği gibi, bakışıyla da küfredebilir. Evet, iki kişinin birbirinin farkında olduğu her sosyal ortamda, doğrudan ya da dolaylı olsun, kaçınılmaz bir şekilde iletişim vardır.

İnsanın İki Doğası: YÜZ ve CAN

Her iletişim anında insanın iki kimliği devreye girer. Bunlardan birisi insanın sosyal kimliği, diğeri de insanın psikolojik kimliğidir. İnsanın YÜZ doğası olarak adlandırdığım sosyal kimlikler kişinin toplumsal konumunu belirtir. Örneğin, 'öğretmen'in toplumsal konumu 'öğrenci'den farklıdır.

İnsanın CAN doğası olarak adlandırdığım psikolojik kimlik ise, insanın birey olarak tekliğini, özünü ifade eder. 'Öğretmen' ve 'öğrenci' farklı sosyal kimlikleri ifade etse de öz olarak ikisi de insandır. Bir keresinde, torunuyla konuşmak için diz çöküp onun göz hizasına inen bir dedeye, bu yaptığından duyduğum şaşkınlığı ifade etmiştim. Bana, "O, küçük insan!" demişti. 'Dede' ve 'torun', iki insan olarak CAN CAN'a konuşuyorlardı.

Sosyal ilişkiler içinde YÜZ'ün baskın olduğu bir hayat yaşayabilirsiniz; ne var ki, hayatın anlamını CAN olarak deneyimlersiniz. Sosyal mevkiniz, makamınız veya kazancınız yaşamınızın anlamıyla ilgili bir deneyim oluşturamaz. Hayatınızın anlamlı olup olmadığını içiniz bilir; işte bilen o iç, CAN'dır.

Aşağıdaki şiir YÜZ baskın yaşayan olgun yaşta birinin CAN olarak yaşayan çocukları görünce hissettiği duyguları anlatıyor:

GÖZLERİM O ÇOCUĞU ARAR!

Her gün yürürüm
Bu kaldırımda ben.
Maskem,
Emekli öğretmen.
Herkesin maskesi var,
Eczacı, Fırıncı, Berber, Polis.
Ve gülümseyen o çocuk
Maskesiz!

Kaldırımda yürürüm
Maskeli,
Ağırbaşlı büyükler,
Her şeyi bilen,
"Sor, söyleyeyim"
Diyen yüzler!
Ve gülümseyen o çocuk,
"Bilmem, keşfediyorum"
Diyen o gözler!

Kadın maskesi, erkek maskesi,
Anne, baba maskesi,
Bakkal amca, komşu teyze,
Ne çok maske var!
Yürürüm kaldırımda
Öğretmen maskemle.
Çocuğum senin masken nerede?
Ayıp değil mi,
Maskesiz gezilir mi!

Nedense bayılırım
O maskesiz,
Sıcacık gülümseyişe!
Evladım, hiç korkmuyor musun?
Maskesiz gezilir mi?

Her gün yürürüm
Bu kaldırımda ben,
Emekli Öğretmen
Yüzüm maskeli.
Gözlerim o çocuğu
Arar!
İçim onu
Özler!
Bir bilsem,
Neden!

DOĞAN CÜCELOĞLU
(Ekim, 2017)

İnsanın YÜZ doğasının oluşturduğu maskeler toplumsal yaşam için kaçınılmaz olsa da, yaşam anlamını CAN'da buluyor. Ve çocuklar yaşamımıza hediye edilen CAN'lardır. Kitabı yazarken içim coştu ve yukarıdaki şiir satırlara döküldü.

Evlilik ilişkisinde YÜZ ve CAN kavramları daha da derin anlamlar kazanıyor.

İletişimden İlişkiye

Aynı sosyal ortamları sık sık paylaşan kişiler sadece iletişim kurmanın ötesine geçerek ilişki kurmaya başlar. Sokakta yürürken yanımızdan geçip giden biri giyinişi, yürüyüşü, hal ve tavrı aracılığıyla kendi hakkında birçok mesaj verir; yorgun mu, acelesi var mı, dikkat edersek anlayabiliriz. Ama tanımadığımız ve belki de bir daha hiç görmeyeceğimiz bir kişiden gelen bu dolaylı mesajlar ilgimizi çekmez.

Buna karşın, kapı komşumuz, mahalle bakkalımız, ofis arkadaşımız, bankacımız gibi sık sık görüştüğümüz, tanıdık olup ilişki kurduğumuz insanlardan birini yolda gördüğümüzde yorgun mu, acelesi var mı, artık dikkat etmeye başlarız. Onlar da bize dikkat ederler! Birbirinin tanıdığı olmanın bir anlamı vardır. Tanıdık olmanın değişik dereceleri vardır. Tanıdık ne kadar yakınlaşır ve önemli hale gelirse o kişiye verdiğimiz ve o kişiden aldığımız mesajlar o derece önem kazanmaya başlar.

Mesaj Türleri

Tanıdıklar arasında ilişki vardır. İlişki içinde olan insanların iki tür mesajın farkında olmaları gerekir: İçerik ve ilişki mesajları.

İçerik mesajları

Olaylar, durumlar, konumlar hakkında, karşımızdaki kişiden bağımsız olarak bilgi veren mesajlardır. "Bugün yağmur yağacak"; "Hesabı yanlış yapmışız"; "Karnım acıktı"; "Yeni telefona yüklü bir para vermiş" gibi mesajlar bir durumla ilgili bilgi verirler. Bu mesajı ben kime söylersem söyleyeyim, içerik anlamı aynıdır. Kendi içimdeki ya da dışımdaki dünyayla ilgili bilgi veririm. Bu mesajları anlasak da, anlamasak da mesajı veren kişiyle ilişkimiz hakkında bir algı oluşturmayız.

İlişki mesajları

Yukarıdaki mesajlarla bir de şu mesajları karşılaştırın: "Senden bıktım, bir daha görmek istemiyorum"; "Çok özledim, her gün buluşalım, konuşalım"; "Seni arkadaşım olarak görmek bana onur verir"; "Özür dilerim, ama sana güvenmiyorum"; "Zor günlerimde yanımda görmek isteyeceğim bir insansın!" Bu mesajlar iki kişinin ilişkisi hakkında fikir verir. Yukarıda verdiğim örnekler, sözel olarak ifade edilebilen mesajlardır. Ama çoğu ilişki mesajı sözsüzdür; yüz ifadesi, sesin tonu, beden duruşu, el kol hareketleri, giyime gösterilen itina veya aldırmazlık, seçilen kelimelerin argo ya da edepli türden olması gibi. Ve ilişki mesajları insan ilişkilerinde en önemli mesajlardır.

Altı Tanıklık Boyutu

Tanıdıkların birbirlerine verdikleri ilişki mesajları, onların varlığına altı boyutta tanıklık eder. Ben bunlara Altı Tanıklık Boyutu diyorum. Altı tanıklık boyutunun da yaşandığı ilişkiler zamanla güçlenir. Bu boyutlardan birinin ya da birkaçının yaşanmadığı ilişkiler hiçbir zaman gelişemez ve sorunlar oluşmaya başlar. Şimdiye kadar isim vermeden kullanageldiğim bu tanıklık boyutlarına kısaca bir göz atalım:

1. Sen varsın; umursadığım, dikkate aldığım bir kişisin.
2. Seni olduğun gibi kabul ediyorum; sende bir sorun yok, sen doğalsın.
3. Sen benim için değerlisin, teksin; hiç kimse senin yerini dolduramaz.
4. Sana güveniyorum; senin potansiyeline, kabiliyetine, karakterine, niyetine güveniyorum.
5. Sevilmeye layıksın; emek ve zaman vermeye değersin.
6. Sen hem bir birey olarak bağımsız özgür bir insansın, hem de vazgeçilmez bir üyesi olarak, benim yaşam ekibime aitsin.

Evlilik öykülerini okudukça şunu açık seçik görmeye başlayacaksınız; eşler birbirine altı tanıklık boyutunu da yaşatıyorsa, o evlilik mutludur ve gelişmeye devam eder. Evlilikleri bedenden zihne, zihinden gönüle, gönülden tüm varoluşlarına sinen bir anlam kazanır.

Diğer yandan, eşler birbirlerine:

– Sen umursanacak biri değilsin;
– Sende bir bozukluk var;
– Benim için özel bir değerin yok, senin gibi sürüyle kadın/erkek var;
– Sana güvenmiyorum;
– Sevilmeye layık değilsin;
– Sana saygım yok, sen benim malımsın mesajlarını hissettirirse, o evlilikte aşk ve mutluluk gelişemez. Evlilik bir cehenneme dönüşür.

Müstakbel eşlerinle birbirlerine altı tanıklık boyutunu da yaşatacak mesajları doğru olarak verebilmesi için, iletişim olgunluğuna sahip olmaları gerekir. Peki, nedir iletişim olgunluğu?

İletişim Olgunluğu

İletişim olgunluğunun üç öğesi vardır:

1. İletişim kurmadaki niyetinin, amacının farkında olmak ve o amacı nasıl ifade edeceğini bilmek (zihinsel olgunluk);
2. Söyleyeceklerini, iletişim kurduğun kişinin gözünden değerlendirerek konuşabilmek (duygusal olgunluk);
3. O an içinde bulunulan sosyal ortamı dikkate alarak, nerede, kimlerle, ne zaman, nasıl konuşacağını bilmek (sosyal olgunluk).

Bunlara kısaca bakalım.

*Kendi amacının farkında olmak ve o amacı
nasıl ifade edeceğini bilmek*

Bir gün önce haksız yere suçlandığınız bir konuda eşinize kırgınlığınızı dile getirmek istiyorsunuz.

"Sen çok kaba bir insansın," diyerek söze başlarsanız, iletişim olgunluğuna sahip olmadığınızı düşünürüm. Sizin amacınız, haksız yere suçlandığınız için kırıldığınızı ifade etmekti. Oysa ağzınızdan çıkan söz, saldırgan ve suçlayıcı bir tavır içinde diğerinin duygularını kırmayı amaçlıyor. Sizin amacınız, eşinizi kırmak mı, kırgınlığınızı ifade etmek mi?

İletişim olgunluğu olan biri, "İçimde bir kırgınlık, incinmişlik duygusu var. Bu duygu böyle devam edip gitsin, aramıza girsin istemiyorum, münasip bir zamanda konuşmak isterim," der. Ve karşısındaki olgun bir insan ise, hayatının en önemli, en mahrem tanığını kaybetmek istemeyeceğinden, onun ne söyleyeceğini duymak için fırsat yaratır.

Söylediğinin nasıl anlaşılacağının farkında olmak

Hepimizin bildiği bir söz var: "Ağzından çıkan lafı, kulağın duysun!" İletişim olgunluğuna sahip biri, ağzından çıkan lafı kulağı duyarak, söylediği sözün karşı taraf için ne anlama geldiğinin farkında olarak konuşur. Tabii bunu yapabilmek için de empati duygusunun, halden anlama değerinin o kişide mevcut olması gerekir. Olayları başkasının gözüyle görebilmek, iletişim olgunluğunda önemli bir adımdır.

Ortamın uygun olup olmadığının farkında olmak

Her söz her ortamda söylenmez, her konuşmanın yapılabileceği uygun ortamı belirleyen örtük sosyal kurallar vardır. Bu kurallara uymazsanız 'münasebetsizin teki' olarak algılanırsınız.

Evet, şimdi de gerçek yaşam ortamlarında bu kavramlar nasıl anlaşılır ve hayata geçer, irdeleyelim. Gerçek yaşam ortamları derken, Denetim Odaklı Korku Kültürü ve Gelişim Odaklı Değerler Kültürü ortamlarından söz ediyorum.

Denetim Odaklı Korku Kültürü'nde YÜZ baskın İlişki

Korku Kültürü'nde maskeler, sosyal kimlikler yani YÜZ önemlidir; insan olmaya, insanın özü CAN'a değer verilmez. O nedenle Korku Kültürü içinde oluşmuş evliliklerde 'karı' vardır, 'herif' vardır, ama insan insana ilişki yoktur. Korku Kültürü'nün baskın olduğu okullarda 'müdür' vardır, 'öğretmen' vardır, 'öğrenci' vardır, ama insan insana ilişki yoktur. Korku Kültürü'nün baskın olduğu şirketlerde de durum aynıdır; 'genel müdür', 'genel müdür yardımcısı', 'müdür', 'direktör', 'yardımcı direktör', 'uzman', 'beyaz yakalı', 'mavi yakalı' vardır, ama insan insana ilişki yoktur. Çünkü bu kültürlerde hayata anlam veren, kişinin sahip olduğu güçtür; güç de anlamını sosyal kimlikte, YÜZ'de bulur. "Sen benim kim olduğumu biliyor musun?" sözü bu kültür için geçerlidir.

Korku Kültürü'nde ilişki, güçlü-güçsüz ekseninde oluşur. BEN diyen, korkulacak güçlü kişidir; BEN diyemeyen, korkutulan güçsüz olandır. Böyle bir BEN ilişki şablonu oluşmuş ve bilinçaltına yerleşmiştir. Korku kültürü şablonu ailede karı-koca ve ebeveyn-çocuk, okulda öğretmen-öğrenci, işyerinde patron-çalışan, devlet dairesinde memur-vatandaş ilişkisinde geçerlidir.

TANIKLIK BOYUTU	GÜÇLÜ KİŞİNİN TAVRI	GÜÇSÜZ KİŞİNİN TAVRI
1. UMURSANMAK/ KAALE ALINMAK BOYUTU	Ben varım. Sen var mısın, yok musun, kaale alınacak biri misin, ben bilirim! Kendini adamdan sanma, bana sor; var mısın, yok musun ben sana söylerim.	Siz varsınız. Ben kaale alınacak, umursanacak biri miyim bilemem; siz bilirsiniz!
2. OLDUĞU GİBİ KABUL EDİLMEK BOYUTU	Ben doğalım. Sende bir sorun var mı, yok mu, ben bilirim. Bana sormadan kendini doğal biri olarak görme.	Siz doğalsınız. Bende bir sorun var mı, yok mu, siz bilirsiniz. Size sormadan kendimin doğal biri olup olmadığına karar veremem.
3. TEK OLMAK, DEĞERLİ OLMAK BOYUTU	Ben tekim, değerliyim. Sen değerli biri misin, değersiz biri mi, ben bilirim. Bana sormadan kendini değerli biri olarak görme.	Siz teksiniz, değerlisiniz. Ben değerli biri miyim, değersiz biri mi, siz bilirsiniz. Size sormadan kendimi değerli biri olarak göremem.
4. GÜVENİLİR OLMAK BOYUTU	Ben her şeyin doğrusunu bilir, doğrusunu yaparım. Güvenilir bir insanım. Bana sormadan kendine güvenme! Bir iş yapmadan önce bana sor! Bana sormadan, danışmadan hiçbir iş yapma!	Siz güvenilir birisiniz; siz her şeyin doğrusunu bilir ve yaparsınız. Ben size sormadan kendime güvenemem! Bir iş yapmadan önce size sorar, danışır, nasıl arzu ederseniz o şekilde hareket ederim.
5. SEVİLMEYE LAYIK OLMAK BOYUTU	Ben sevilmeye layıkım. Sen emek ve zaman vermeye, sevilmeye layık biri misin, ben bilirim. Bana sormadan kendini sevilmeye layık biri olarak görme!	Siz emek ve zaman vermeye değersiniz. Ben emek ve zaman vermeye, sevilmeye layık biri miyim, siz bilirsiniz. Size sormadan kendimi sevilmeye layık biri olarak göremem!
6. BİREY OLMA, AİT OLMA DENGESİ	Sen bana aitsin.	Evet efendim, ben size aitim.

Korku Kültürü'nün YÜZ baskın ilişkisinde, altı tanıklık boyutu yukarıdaki tabloda verilen şekilde gelişir; CAN'lar yalnızlığa mahkûmdur. Böyle bir evlilik içinde kadın ve erkek bedenen vardır, ama CAN'lar yalnızlık içinde, gergin, bıkkın, asık suratlı, özensiz, kaygılı, umutsuz ve öfkelidir.

Gelişim Odaklı Değerler Kültürü'nde CAN Baskın İlişki

Değerler Kültürü'nde de sosyal kimlikler yani YÜZ vardır, ama baskın ve önemli olan insandır, insanın özü, CAN'dır. O nedenle Değerler Kültürü içinde oluşmuş evliliklerde 'kadın' vardır, 'erkek' vardır, ama esas temel ilişki insan insana ilişkidir. Değerler Kültürü'nün baskın olduğu okullarda 'müdür' vardır, 'öğretmen' vardır, 'öğrenci' vardır, ama hepsinin temelinde insan insana ilişki vardır. Değerler Kültürü'nün baskın olduğu şirketlerde de durum aynıdır; 'genel müdür', 'genel müdür yardımcısı', 'müdür', 'direktör', 'yardımcı direktör', 'uzman', 'beyaz yakalı', 'mavi yakalı' vardır, ama hepsinin arasında insan insana ilişki hakimdir. Çünkü Değerler Kültürü'nde hayata anlam veren, kişinin sahip olduğu değerlerdir. Değerler Kültürü ile yönetilen ortamda, "Sen benim kim olduğumu biliyor musun?" sözünü duyamazsınız. Biri böyle bir şey söylerse, karşısındaki gülümseyerek şu cevabı verir; "Evet, biliyorum, siz de benim gibi hayatında anlam arayan bir insansınız!"

Değerler Kültürü'nde ilişki, doğru olanı yapmak ve yaptırmak ekseninde oluşur. Bu ortamda değerleri yaşamak ve yaşatmak hepimizin, BİZ'im sorumluluğumuzdur. Herkes güçlüdür, herkesin sorumluluğu vardır. BİZ ilişkisi şablonu gelişmiş ve bilinçaltına yerleşmiştir. Bu şablon karı-koca ilişkisinin, ebeveyn-çocuk ilişkisinin, öğretmen-öğrenci ilişkisinin, patron-çalışan ilişkisinin, memur-vatandaş ilişkisinin temelinde vardır.

TANIKLIK BOYUTU	BİZ BİLİNCİNDE İLİŞKİ KURUŞ TAVRI
1. UMURSANMAK/ KAALE ALINMAK BOYUTU	Ben varım, bu ilişkide umursanmak, kaale alınmak, hesaba alınmak isterim; aynı zamanda senin de benim kadar önemli olduğunu bilerek seni bu ilişkide hesaba alırım.
2. OLDUĞU GİBİ KABUL EDİLMEK BOYUTU	Ben doğalım, sen de benim gibi doğalsın; ikimiz de doğalız.
3. TEK OLMAK, DEĞERLİ OLMAK BOYUTU	Ben değerliyim, eşim benzerim yok, evrende tekim; sen de aynen benim gibi değerlisin, eşin benzerin yok; senin tekliğinin farkındayım.
4. GÜVENİLİR OLMAK BOYUTU	Kendime güveniyorum. Ben iyi bir insanım ve ara sıra hatalı davranışlar yapsam da, hatalarımdan öğrenerek doğruyu bulma ve yapma yeteneğim var. Kendime güveniyorum. Senin de aynen benim gibi olduğuna inanıyorum. Sen iyi bir insansın, ara sıra hatalı davranışlar yapsan da doğruyu bulup yapacağına inanıyorum. Sana güveniyorum.
5. SEVİLMEYE LAYIK OLMAK BOYUTU	Ben emek ve zaman verilmeye, sevilmeye layık biriyim. Sen de benim gibi emek ve zaman vermeye, sevilmeye layık birisin,
6. BİREY OLMA, AİT OLMA DENGESİ	Ben ve sen BİZ'in vazgeçilmez parçalarıyız. Ben sana aitim, sen bana aitsin; biz birbirimize aitiz. Ama benim öyle yönlerim var ki, bunu ancak ben istersem paylaşırım ve senin benim sınırlarıma saygılı olmanı isterim. Senin de kendine özgü mahremiyetin olduğunun farkındayım ve bu mahremiyet sınırlarına kesinlikle saygılı olmam gerektiğini biliyorum.

Değerler Kültürü'nün CAN baskın ilişkisinde, altı tanıklık boyutu yukarıdaki tabloda verilen şekilde gelişir; CAN'lar yalnızlığa mahkûm edilmemiştir. Kadın ve erkek, böyle bir evlilik içinde bedenleriyle, akıllarıyla, duyguları ve ruhlarıyla vardır. O nedenle evliliklerini dünyada yaşanan cennet olarak tanımlarlar.

Şimdi, 'ilişkinin canı var' sözünü daha derinden irdelemeye hazırız.

İlişkinin Canı Var

Kendinizin size ihtiyacı var!
Sezai Emre Güden

Evet, ilişkinin canı var; bir çiçeğin canı gibi. Toprağını, suyunu, güneşini, ortamını bulmuş çiçek pırıl pırıl canlıdır; tıpkı gözleri ışıl ışıl bir çocuk gibi. Toprağını bulamamış, güneşten ve sudan mahrum kalmış çiçek soluktur, boynu büküktür; tıpkı boynu bükük, hüzünlü bir çocuk gibi.

Her ilişki gibi kadın erkek ilişkisinin de canı vardır; bakımı ve beslenmesi gerekir. Evlilikte kadın ve erkeğin gözleri ışıl ışıl mı, yoksa boyunları bükük, yüzleri soluk mu olacak? Önemli soru bu! Peki, bu sorunun yanıtını önceden bilmek mümkün mü? "EVET MÜMKÜN!" diyorum ve bu kitabı, nasıl mümkün olduğunu anlatmak için yazdım. Tabii, kazalar, savaşlar, aksilikler ve sağlık sorunları gibi denetlenemeyecek durumların dışında, kadın ve erkeğin gözlerinin ışıl ışıl olduğu bir evlilik yapmalarının mümkün olduğuna inanıyorum. Herhalde artık farkındasınızdır, böyle bir evlilik için gerekli adımlar evlendikten sonra değil, EVLENMEDEN ÖNCE atılmalıdır.

Bu bölümde, daha önce konuştuğumuz kavramları gerçek hayattaki örnekler üzerinden ele alacağız. Okurların deneyimlerini içtenlikle paylaştığı mektuplar, bu kavramları bir yaşam öyküsü içinde gözlemleyip üzerinde düşünmemize imkân verecek.

Onun Bir Duruşu Var Tek Başına

Evlenmeden önce, 'Evleneceğim kişi doğru insan mı?' akla ilk gelen soru. Aşağıdaki mektubu okuyunca ondan daha öncelikli, daha önemli bir konu keşfettim: 'Kendine doğru insan olmak.' Birlikte okuyalım:

> *On yıldır evli biri olarak bir tespitimi sizinle paylaşmak istiyorum. Sadece kendimde değil, birkaç kişide daha gözlemledim bu duyguyu.*
>
> *Hayatınızda bir insan var, yol arkadaşınız, sevdiğiniz... Onun bir duruşu var tek başına.*
>
> *Zaman zaman iş için, başkaları için çaba sarf ediyor. Uğraşıyor, didiniyor. Bunları yaparken de sizden hiçbir beklentisi yok. Mücadele ederken tek başına, ama zaferi birlikte paylaşıyorsunuz.*
>
> *İşte böyle zamanlarda ona karşı bir duygu oluşuyor sizde. Merhamet değil, acıma değil, şefkat değil, gurur değil... Bu duyguların çok üstünde. Tarif edemediğim, onu her geçen gün daha çok sevmeme neden olan...*
>
> *Eğer bu duygu yoksa, o evlilik bence içinde birçok eksikliği barındırıyor.*
>
> *Etrafıma baktığımda birbirlerinin hayattaki duruşuna ve çabasına hiç saygı göstermeyen, anlamayan çok fazla çift görüyorum.*
>
> *Bir sürü ziyan olmuş kadın ve erkek!*

Hayatta duruşunu, varoluşunu seçmiş bir insana baktığınızda, onun en önemli tanığının kendisi olduğunu hemen anlarsınız. Bu kişi 'evlendiği kişiyi yaşamak için' evlenir, 'onu kullanmak için' değil. Ve adı konulamayan o duygu, kendi iç tanıklığını keşfedip neden yaşadığını anlamış bir yaşam yolcusuna duyulan yoldaşlık duygusudur. Onunla birlikte hayatı yaşamak bir ayrıcalıktır.

Yaşamında kendin olarak var olmak kolay değildir. Bunu başarabilen kişi, ya içinde yetiştiği ailede ve aldığı eğitimde bu fırsatı bulup değerlendirmiş ya da sağlıksız bir ortamda büyüdüğü halde bir savaşçı tutumu içinde kendini yeniden inşa etmiştir. Yaşamında kendisi olarak var olamamış bir insan, başkalarının boyunduruğunda yaşamaya mahkûmdur. Aşağıdaki mektupta göreceğiniz gibi onun evliliği, dışardan kendisinin görünse de, bir başkasına aittir.

On dört aylık bir bebeğim var ve eşimle çekişmeli bir süreç içerisinde boşanmaya çalışıyoruz. Evliliğimi bitirmemin tek ve temel nedeni eşimin ailesi hakkındaki tutumu.

Eşim evliliğimiz öncesi ve sonrası maddi olarak kendini ailesine borçlu hissedip evliliğimiz öncesi neredeyse maaşının tamamını, sonrasında ise bilmediğim miktarları ailesine vermişti. Ailesinin, özellikle annesinin, nişanlılık ve evlilik süresince sergilediği davranışlara karşılık, "Ben aileme laf geçiremiyorum, sen kendi aileni idare et, bizimkilerin dediği olsun," gibi bir yaklaşım sergiledi. Benim her başkaldırışım da ya şiddetle ya da eşimin evden çekip gittiği tartışmalarla sonlandı.

Neden başkaldırıyordum diye merak edebilirsiniz. Belki benim bu huyum da gereksiz bilemiyorum ama haksızlığa hiç tahammülüm yok. Eşime yapılan haksızlıklara onun kuzu gibi sessiz kalması ve ikimizin birlikte kurduğu yuvaya ailesini mutlu edebilmek adına zarar vermesi beni çileden çıkarıyordu. Eşim ailesinden hiçbir zaman değer görmedi. Hatta ciddi bir kaza geçirip 2 hafta hastanede yattığında bir kere refakatçi olarak kalmadılar. Taburcu olduğunda ve bakıma ihtiyaç duyduğunda eşime 2 ay boyunca bakan, kayınvalide olarak hor görülen annem oldu. Kendi ailesi 2-3 kere misafir gibi gelip gittiler...

Bu okurum, 'hakkaniyet' değerinin umursanmadığı bir ilişki içinde olduğunu hissediyor. Yaşamında kendisi olarak var olma gücü gösterecek, önce kendini, sonra yuvasını koruyacak birini göremediği için öfkeli. Kocasının sebebini anlayamadığı pısırıklığı, ona saygısını kaybetmesine yol açmış.

İşte bu yaşanılanlara rağmen eşim bir kere bile ailesine "Karımı seviyorum, onun hakkında konuşmanızı istemiyorum," diyemedi. Bana da gelip, "Sen benim karımsın, seni seviyorum. Onlar ailem atamam, lütfen benim için biraz anlayış göster," demedi. Onun annesinin mutluğu çok daha önemliydi.

Evlilikten benim beklentilerim benimsenmek, oluşan çekirdek ailenin birincil olması, değer görmek, saygı duyulmak, korunmak, destek, takdir edilmek ve hakkımızın savunulması.

Farkına vardığınız gibi, değerlerin yaşanmadığı bir ilişki mutlaka sorun çıkarıyor. Aşağıdaki paragraf duyguların nasıl etkilendiğini de açık seçik gösteriyor.

Sevilmek maddelerim arasında değil. Sevilmek ya da âşık olmak evlilik süresince stabil devam eden duygular değil çünkü bence. Eşimle yaşadığımız tartışmalar sonrasında ona duyduğum öfkenin sevgiyi nasıl bastırdığını defalarca gördüm. O yüzden yukarıda saydıklarıma sahip olsaydım daha az öfkelenir, sevgimi daha çok hissederdim sanırım...

Evet, evliliğinizde sevginin can bulup yeşermesini istiyorsanız, sizi BİZ yapan temel değerlerinizi yaşayın ve yaşatın. Birbirinize o değerler çerçevesinde tanıklık yapın. Aksi takdirde, ilişkinizi özel kılacak olan o muhteşem 'sevgi', ne yazık ki kaygı, gerginlik, hayal kırıklığı, kırgınlık ve öfke arasında kaybolur gider! Ve mektubu yazan değerli okurum bir önemli gözlem daha yapıyor;

Bir erkekten iyi bir baba olması da beklenebilir evlilikte, ancak klasik toplum yapımızın sonucu çevremde gördüğüm şey anne odaklı çocuk yetiştirmek. Sorumluluk sahibi olan, kadına saygı duyan, evlilikte kadını hizmetçi kendini kraliyet ailesi mensubu olarak görmeyen erkekler yetiştirmediğimiz sürece iyi baba, eş kavramı toplumun bize dayattığı kadar olacak...

Boşandım, Yeniden Evlendim ve Mutluyum

Umarım bu kitap, evlilik öncesi dönemi iyi değerlendirip kişilerin birbirlerini tanımalarına ve mutlu evlilik yapmalarına vesile olur. Birinci evliliğinde başarısız olup boşanan, bu süre içinde kendini daha iyi tanıyıp evlilikten beklentilerinin farkına varan ve ikinci evliliğinde mutlu olanlar da var. Aşağıdaki mektup dikkatle okunmaya değer.

İlk evliliği hüsranla son bulmuş ancak ikinci evliliğinde cenneti yaşayan biriyim. Benim için önemli olan şu anki yaşantım. Eşimi çok seviyorum.

Tanışmamız ciddi bir tesadüftü; eşim pazarcı, domates satıyor. Çarşamba pazarında görüşmüştük ilk. Ben muhasebeciyim, lise mezunuyum; eşim ilkokul mezunu, ama yüreklerimiz on numara.

Eşimle birbirimizi her yönden çok seviyoruz, her yönden çok uyumluyuz; birbirimize ve ailelerimize çok değer veriyoruz. Eşim bana hiç kıyamaz. Bende ona. Allah razı olsun beni kimseye muhtaç etmedi bugüne kadar, ben de onu hep sarıp sarmaladım; yeri geldi sevgiyle, yeri geldi şefkatle. Yeter ki o hayatımda olsun, iyi olsun, sağlıklı olsun, birlikte yaşlanalım.

Değerli okurlarım ilişkinin tanıklık boyutlarını hatırlıyorsunuz değil mi? Yukarıda okuduğunuz paragrafta kadın kocasına hangi duyguları yaşatıyor ve kendisi hangi duyguları yaşıyor, görüyorsunuz değil mi? Her ikisi de kendini 'umursanacak', 'doğal', 'değerli', güvenilir', 'sevilemeye layık' ve kendi özgür seçimleriyle 'birbirlerine ait' hissediyorlar. Aşağıdaki satırlar bireysel özgürlüğüne düşkün bazı okurlarımı rahatsız edebilir, ama lütfen unutmayın, bu mektubu yazan kadın, bir şablon gereği değil, kendi özgür iradesiyle böyle olmayı ve böyle yapmayı seçmiş biri.

Bazen bir şeyleri kafama taksam da, düzgün bir dille sorunca güzel bir şekilde çözüm buluyoruz. Benim için en önemlisi eşimin en çok evde kendini erkek olarak tam hissetmesi. Ona saygımdan her konuda fikrini alırım, danışırım, haber veririm, çünkü o benim can yoldaşım. Ömrümüz böyle güzel geçecek inşallah.

Şimdi iki yaşında kızımız var, inanın onu birlikte büyütüyoruz. Kızım çok mutlu bir çocuk olarak yetişiyor. Muhteşem bir kalbi, harika bir ruh gelişimi var.

Kısacası eşim, kızım ve ben evimizde cenneti yaşıyoruz. Rabbim mutluluğumuzu daim etsin inşallah.

O Benim Kabul Olmuş Duam

Aşağıdaki mektubu okuyunca anlıyorum ki, insan ille de annesi ya da babasının hatalarını sürdürmek zorunda değil evliliğinde. Evlilik ilişkisini ve sevgiyi canlı tutmanın önemini kavrayıp, 'yaşa ve yaşat' tavrı içinde kendine ve eşine nefis bir yolculuk yaşatabilir.

> *Evlilik deyince aklıma, bizi düşünürsem kahkaha atmak, anne ve babamı düşünürsem dert, sıkıntı, asabiyet geliyor. Bizim evliliğimizde çok şükür kahkaha atmadığımız, hüzünlü kapattığımız bir gün yok.*
>
> *Eşim anlayışlı ve yardımseverdir. Ben de onun kadar olamasam da anlayışlıyımdır. O kadar çok korkuyordum ki annemle babamın evliliği gibi olacak, babam gibi biriyle evleneceğim, evlendikten sonra annem gibi olacağım diye...*
>
> *Öyle olmadı; babamın tam zıttı eşim, ben de annem gibi değilim. Bağırmaz, borcuna sadık, evine sadık, önceliği ben ve çocuğumuz. Maşallah diyeyim.*
>
> *Bizim evde öncelik güler yüz. Örneğin, eşim bana, "Kap kap yemek yapmaktan yorulup yüzün düşük kapıyı açacağına, bir tost yapalım, güler yüzle kapıyı aç," der.*
>
> *Her gün öperek karşılarım. Gün içinde mesajlaşırız hâlâ. Durduk yere gider sarılırım. Küçük notlar yazarım. Ve bunları ona sonsuz bir şükran içinde yaparım.*
>
> *Kabul olmuş duam hocam o benim. Kıyamam kırmaya. Üzmeye. Çok iyi bir eş, çok iyi bir baba, çok iyi bir evlat. Allah sağlıklı uzun ömürler versin. Evlilik karşılıklı hocam. Eşler birbirinin aynası.*

Son satırları yeniden bir değerlendirelim:
"Kıyamam kırmaya. Üzmeye!"

Yani diyor ki, o benim gönlümde yer almış durumda; onu kırarsam, ben kendimi sevemem, kendimden uzaklaşırım.
"Çok iyi bir eş, çok iyi bir baba, çok iyi bir evlat."
Burada olgun bir tavır seziyoruz; eşinin sadece kendisi ve çocuğuyla ilişkisini önemsemiyor, aynı zamanda anne ve babasıyla ilişkisini de önemsiyor ve takdir ediyor. Bu demektir ki, gelin kayınvalide ve kayınbabasından ve onlar da gelinlerinden memnunlar. Torun, sevgi ve şefkati her yönden tadacak.

Evliliğinde Kendin Olarak Var mısın?

Çok uzun bir mektup geldi; her yönüyle okunmaya, üzerinde durulmaya değer. Nerede, kim, nasıl hatalı davrandı? Yaşanan mutsuzluğun sorumluluğu kimde? Kısaltarak sizlerle paylaşıyorum:

> *Ben 31 yaşında iki çocuk annesi ve 10 yıllık evli bir kadınım. Tarifimden de anlaşılacağı üzere henüz kendini yaşayamamış hatta tanıyamamış, bunca yılını babasının kızı, kocasının karısı, evlatlarının annesi olarak geçirmiş biriyim. Evlatlarım için şükrediyorum. Asla onları yük olarak görmedim. Aksine Allah'ın bana lütfu olarak bakıyorum onlara.*

Evet, kendi olarak var olma imkânını yaşayamamış, 'babasının kızı', 'kocasının karısı' ve 'evlatlarının annesi' sosyal kimlikleri içinde hayatına devam eden biri. Herhalde söylememe gerek yok, YÜZ baskın Korku Kültürü ortamında büyüdüğünü tahmin edebilirsiniz.

> *Benim sorunum eşimle. Kendisi tanınmış bir üniversitede inşaat mühendisliği okumuş. Amerika'da mastır eğitimini tamamlamış ve on bir yıldır bir Amerikan şirketinde çalışmakta.*

Evet, eğitimli bir eş söz konusu. Peki, bu eğitimli erkek, birlikte bir ömür geçireceği, yuva kurup çocuk yetiştireceği hayat arkadaşını nasıl seçti, seçerken nelere dikkat etti? Okumaya devam edelim:

> *Biz görücü usulü evlendik. Tanımaya fırsatım bile olmadı. Henüz 21 yaşındaydım... Eşim Amerika'dan 2 haftalık izne geldiğinde sanki yangından mal kaçırırcasına tanışma, nişan ve resmi nikâhımız oldu. Kayınpederim vize işlemlerinin zorluğunu bahane ederek nikâhı aceleye getirdi. Nikâhtan bir gün sonra eşim Amerika'ya geri döndü. Altı ay internet üzerinden görüştük. Saat farkından dolayı kısıtlı görüşüyorduk.*
>
> *Altı ay sonra Türkiye'de düğünümüz oldu. Düğünden üç gün sonra eşimle Amerika'ya gittim. Üç ay sonra ilk kavgamızı ettik. Ben o gün evlendiğime çok pişman olmuştum. Geri de dönemezdim. Kimsem de yoktu dertleşeceğim. Günlerce ağladım. Eşim hiç oralı bile olmadı.*

Resim yavaş yavaş netleşmeye başlıyor. Başarıyla okumuş oğullarını Amerika'da bir yabancı kıza kaptırmaktan korkan anne-baba kendilerince 'münasip' biri ile evlendirmek istiyorlar. Gençlerin birbirini tanımaları, konuşup sohbet ederek yakınlaşmaları ne kız ailesi ne de erkek ailesi tarafından önemseniyor. Neden dersiniz? Çünkü kendi evlilikleri de muhtemelen görücü usulüyle oldu. Evlenmenin bireysel bir seçim, biyolojik-psikolojik-sosyoekonomik ve ruhsal bir uyum meselesi olduğu farkındalığına sahip değiller. Neden bu farkındalığa sahip değiller? Çünkü Korku Kültürü'nde oluşan yaşam şablonu içinde CAN yoktur; sosyal roller ve YÜZ vardır. Ve büyüklerin verdiği karar hem kızın hem de oğlanın kaderini belirler.

Daha sonra bu kavgalar devam etti. İlk zamanlar ben hiç cevap vermiyordum ve küsüyordum. Sebebini bile anlamıyordu eşim. Buraya geldiğimde dil kursuna başlamıştım. Sonra bir 'Community College'da hemşirelik okumaya başladım. İkinci yılın sonunda kızım doğdu. Eşim hiç yardımcı olmuyordu. Ders çalışamıyordum. Bebekle ilgilenmiyordu. Benim ilk görevim anne olmak, ikinci görevim eş olmak son olarak da öğrenci olmaktı, ona göre.

Yirmi bir yaşında tanımadığı biriyle evlendirilen bir genç kız okumak istiyor, ama bu istek koca için anlamsız. Onun gözünde, kadına biçilmiş roller şöyle sıralanıyor: anne-eş-öğrenci. YÜZ baskın bir ilişki içinde bir tanık olarak kocanın verdiği mesajlar açık ve net:

Sen önce 'anne' sonra 'eş' olarak varsın.

'Öğrenci' olmak isteyişin normal değil; senin düşüncende bir aksaklık, bir sorun var!

Sen 'eş' ve 'anne' olmanın ötesinde 'kendin' olarak değerli değilsin.

Seni denetlemem ve sana ne yapmam gerektiğini söylemem gerek; ben söylemeden senin doğru şeyi düşünüp yapacağına güvenmiyorum!

Emek ve zaman vermeme değmezsin, sevilmeye layık değilsin.

Sen benim 'karımsın' benim malımsın, benim dediğimi yapmak zorundasın!

Kızıyor musunuz bu erkeğe?

Kendi yetiştiği ailede evlilik şablonunu Korku Kültürü içine oturtmuş bir erkeği böyle davrandığı için suçlayabilir, ona kızabilir misiniz? Ben suçlayamıyorum. Ama diyeceksiniz ki, "Eğitim görmüş biri böyle yapar mı?"

Burada eğitim konusuna çok fazla girmeden özet olarak şunu söylemek istiyorum: Türk milli eğitimi, farkında olmadan Korku Kültürü içinde oluşturulmuş ve Korku Kültürü'nü gelecek nesillere güçlenerek aktaracak şekilde çalışan bir sistemdir.

Ve acı olan şudur: Milli eğitime yön verenler Korku Kültürü içinde çalıştıklarının henüz farkında bile değiller.

Nasıl ki balık, suyun dışına çıkmadan suyun farkında olamaz, Korku Kültürü içine doğmuş insan da Korku Kültürü içinde yaşadığının farkında değildir. İnsan farkında olmadığı bir alanda seçimleriyle değişim başlatma gücüne sahip olamaz. Bir kültür şablonundan çıkabilmek için önce içinde yaşanılan o kültür şablonun farkında olmak gerekir.

Bana yazan hanımefendinin kocası da, evlilik ilişkisini farkında olmadan anasının babasının şablonlarıyla yönetiyor ve eminim içten içe karısına çok kızıyor. Ve öfkesinde kendini çok haklı görüyor.

Kendi kültürel şablonlarının farkına vararak onların dışına çıkıp bakabilen insan, zoru yapmış, 'gözlemleyen bilinç' oluşturmayı başarmış bir insandır. Mektupta söz konusu olan kocanın böyle bilinci yok, kültürel şablonu ile hayatını yönetiyor.

Kadın ne kadar 'mutsuz ve çaresiz' ise erkek de o denli 'öfkeli'. Ve unutmayın, bu cehennemi andıran ortamda büyüyecek olan bir de kız çocuğu var.

Kavgalarımız devam etti. O sürekli hakaret ediyordu bana ve aileme. Hep susuyordum. Küs olduğumuz bir zaman bana dedi ki, "Babana söyle sana harçlık göndersin. Madem evde bir iş yapmıyorsun, o zaman benim paramı harcama! Küs olabilirsin ama görevlerini yap."

Kızım 3 yaşındayken bir de oğlum oldu. Aslında ikinci çocuk düşünmüyordum. Kızım çok sessiz, utangaç ve geç konuştu. Yalnız kalmasın, bir kardeşi olsun diye bir çocuk daha dünyaya getirdim.

Kızının sessiz ve utangaç olmasına hayret ettiniz mi? Ve bu evlilik ortamına bir çocuk daha. Böylece Korku Kültürü içinde iki çocuk birlikte büyümeye başlıyor.

Bundan iki yıl önce çok büyük bir kavga ettik. Her kavgada olduğu gibi beni kışkırttı. Ailemi aramamı, polisi çağırmamı, bunları yapamayacağımı kışkırtan cümlelerle ve küfürlerle söyledi. Ben dayanamadım hem ailemi hem de polisi aradım.

Korktu. Polisi niye aradın başımız belaya girecek dedi. Umursamadım. Polis geldi, evde silah aradılar. Sonra ikimizle ayrı ayrı konuşup gittiler. Eğer şikâyetçi olsaydım o an götüreceklerdi eşimi.

Kavgalarımız devam etti; eşim sözlü şiddet uyguluyordu. Dayanamayıp kayınpederimi aradım. Acilen buraya gelmesini işlerin kötüye gittiğini anlattım. Bir hafta içinde geldi. Onu çağırmamın sebebi, eşimin babasından başka kimseyi dinlememesidir.

Kayınpederim bize ayar vermeye gelmişti kendi lisanınca. Beni eşime karşı sevgisizlikle ve feministlikle suçladı. Eşime ne söyledi bilmiyorum. Fakat ne söylediyse bu bizi iki yıl idare etti.

Bir kadının evliliğinde "Ben de insanım, benim de CAN'ım var. Ben de evlilik yaşamımda kendim olarak var olmak istiyorum," demesi YÜZ baskın Korku Kültürü şablonunda çok büyük suçtur! Kayınpederin gelinini 'feministlik'le suçlamasına hayret etmemek gerek. Ama dikkat edin, babanın konuşması iki yıl etkili oluyor. Kocanın kendi 'vicdanı' ve 'aklı' işlevsel değil. Onlar bir sonuç vermediğinden, babasının nasihatini ve baskısını sürekli devrede tutmak gerekiyor!

Geçenlerde bana küfürle karışık hakaret etmeye başladı. Bir hafta boyunca başka odada uyudum. Onu görmezden geldim. Ne bir özür ne bir utanma vardı eşimde. Bir haftanın sonunda beni yatağa çağırdı hiçbir şey söylemeden. Sinirlendim. "Ben senin malın değilim; kovalayınca gidecek, çağırınca gelecek. İnsanım ben, onurum haysiyetim var!" dedim. Bir şey demeden gitti.

Ne zaman mutlu değilim desem, "Altında araban, cebinde kredi kartın var; çocuklarımız sağlıklı, karnımız tok, sırtımız pek, daha ne istiyorsun?" diyor bana.

Bu evlilik ilişkisini Korku Kültürü içinde tanımlanmış sosyal roller belirliyor. İlişkiye BEN tavrı hakim ve eşlerin birbirlerine tanıklıklarında CAN devre dışı bırakılmış.

"Senin gözünde ben neyim?" diye soruyorum. "Evin annesisin," diyor. Beni sevmiyor ve ben de onu sevmiyorum. Bir günden bir güne eş olarak hissetmedim kendimi. Üstelik kendimi çok değersiz hissediyorum. Bana cariye muamelesi yapıyor. Evliliğe dair bir umudum kalmadı. Hayattan soğudum.

Fark etmişsinizdir, bu kitapta 'iyi insan', 'kötü insan' ayırımı yapmadan, 'olgun', 'gelişmiş', 'farkında olan' insanın evliliğinden söz etmeye çalışıyorum.

İnsanın gelişmesi için uygun bir sosyal ortam gerekli! Korku Kültürü geliştirmeye değil, kalıplamaya, şablonlamaya niyetlenmiş bir sistemdir. O nedenle YÜZ odaklıdır; CAN'ın gelişmesini kendisi için tehlikeli bulur. Güçlü olanın zayıfı ezerek kendi istediği şekilde kalıplama hakkı vardır.

Acaba yukarıdaki mektubu yazan genç kadın nasıl bir aileden geldi? Yirmi bir yaşında tanımadığı biriyle evlenmeyi neden kabul etti? Kendisinden bir mektup daha geldi; içinde yetiştiği aile ortamını anlatıyor. Bazı bölümlerini özetle paylaşmak istiyorum.

Daha önce de yazmıştım size. Benim evlenme sebebim ailemden bir kaçıştı. Evde beni anlayan, bana önem veren yoktu. Azıcık konuşsam babam 'İlk gelene! (vereceğim)" derdi. Annem, "El âlem ne der," diye sürekli beni kısıtlıyordu. Sosyal hayatım hiç olmadı. Arkadaşlarım, mahalleden benimle aynı baskıları yaşayan kişilerdi. Ortak paydamız vardı.

Çok baskıyla büyüdüm. Babam hiç dövmedi, ama bir bakışıyla sinerdik. İki abim var. Küçük abim beni çok döverdi. Velhasıl bu kadar etken birleşince ailemin beğendiği adamla evlenmekte sakınca görmedim. İçimden diyordum, "Dört kişinin işini yapacağıma bir kişinin işini yapmak daha kolay olur." Evliliğin ne olduğundan haberim bile yoktu. Annemden gördüğüm kadarıyla evlilik yemek yapmak, temizlik yapmak, bulaşık yıkamak ve pazara gitmekti. Bazen kabul günleri olur, misafir ağırlanır, birilerine gidilirdi. Kadın toplantılarında kocalar çekiştirilir, sürekli hayattan şikâyet edilirdi. Bence evlilik buydu. "Yaparım ne var?" dedim. Ev işi zaten benim görevimdi. Evlilikte zorlanmam diye düşünüyordum.

Eşimin evlenme hikâyesi ise annesinin, "Oğlum gurbet ellerde ziyan olmasın, arkasını toplayıp yemeğini, işini yapan biri olsun," isteği doğrultusunda gözü açılmadan evlendirilmiş olmasından ibaretti. O da ben de ne evlilik ne de birbirimiz hakkında zerre kadar bilgi sahibiydik.

Unutmayalım, ne kızın ne de oğlanın annesi babası çocuklarına bilerek kötülük yapmak isteyen insanlar. İyi niyetli insanlar. "Yaşamın anlamı nedir?"; "İnsan neden evlenir?"; "Evli kadın olmak, evli erkek olmak ne demektir?" gibi önemli soruların yanıtlarını Korku Kültürü'nün şablonu içinde vermişler; niyetlerini, farkına varmadan o şablon içinde yapılandırmışlar.

Kocam parayı güç olarak görür. Paranın her şeyi satın alabileceğine, bütün kapıları açabileceğine inanır. O yüzden sürekli bana, "Her imkânın elinde, daha ne istiyorsun," der. Babası sürekli o görüşü dört oğluna da işlemiş. Hâlâ daha "Paranız olsun, gücünüz olsun," der. Sevmek kavramı onun sözlüğünde yok. Paran varsa güzel bir eş hak ediyorsun demektir.

Bütün bu deneyimlerden sonra mektubu yazan okurum bazı şeylerin farkına varmış mı? Evet! Okuyalım:

Hocam benim şimdiki aklım olsa evleneceğim kişiyle oturup gelecek hakkında çok önemli meseleleri konuşurdum. Açık ve net olurdum. Kültürel değerlerini, aile yapısını, insanlarla ilişkisini ölçmeye çalışırdım. En çok önem verdiği şeyleri öğrenirdim (aile, para, çevre, makam, el âlem, ahlak, çocuk, eğitim vs).

Evlilik sadece iki kişinin birleşmesi değil, ailelerin de evlenmesi demek. Bir de kişinin çocukluğu çok önemli. Babası ve annesiyle ilişkisi. Ben şimdi düşünüyorum, babam beni okutsaydı ve bir mesleğim olsaydı (İngilizce öğretmeni olmayı çok istiyordum), muhtemelen biraz daha geç evlenir ve sırf evlenmiş olmak için evlenmezdim. Gerçekten o kişiyle hayatımı birleştirmek ve acısıyla tatlısıyla yıllarımı beraber geçirmek, birlikte yaşlanmak için evlenirdim. Uyum sağlayabildiğim, konuşup anlaşabildiğim, sorunları uzlaşarak çözebildiğim, beni dinleyen, bana önem veren, değer veren biriyle evlenmek isterdim.

Evet, EVLENMEDEN ÖNCE hem evleneceklerin hem de anne-babalarının yapması gereken çok iş var. Ama bunları yapabilmek için önce birçok şeyin 'farkına varmak' gerekir. Umarım bu kitap size ve sizin sevdiklerinize bu hizmeti verir.

Görücü Usulüyle Evlenmek Kötü mü?

Yukarıda anlatılanları okuyunca, görücü usulüyle evlenenlerin mutsuzluğa mahkûm olduğu izlenimini edinebilirsiniz. Ama öyle olmayabileceğini aşağıdaki mektup gösteriyor! Tekrar tekrar altını çizmek istiyorum, önemli olan görücü usulü ile tanışıp, tanışmamanız değil; önemli olan sizin evlilik öncesi nelerin farkında olduğunuz ve aranızdaki ilişkiyle ilgili neler yaptığınız!

> On yedi yıllık evliyim. On altı yaşında bir oğlum ve on iki yaşında bir kızım var. Görücü usulüyle evlendim. Bana sorarsanız bizimki görücü usulü değil, sadece o şekilde tanıştırıldık.
>
> Beni görmeye geldiklerinde eşime görür görmez âşık oldum ve bizim maceramız o gün başladı. Ben küçük bir kasa-

bada yetiştim, eşim de öyle. Kültürel farklılıklarımız yok denecek kadar azdı.
Eşim İstanbul'da memurdu ve ailesi oğullarını İstanbullulara yem etmemek için bir an evvel evlendirmek istiyorlardı. Ben ilk görüşte âşık oldum, ama durum eşim için aynı güzellikte değilmiş! (Ben bunu yıllar sonra öğrendim.)
Sözlendik. Eşim askere gitti; bir yıl sonra izne geldiğinde nişanımız yapıldı. Eşim bana, o gün nişan tuvaletiyle gördüğü anda âşık olmuş.
Çok güzel anlar yaşadık; askerdeyken sürekli mektuplaştık, telefonlaştık ve birbirimize çok alıştık. Bir yıl sonra askerden dönünce düğünümüz yapıldı ve biz İstanbul'a yerleştik.
İlk beş yıl hem sıkıntılı hem de muhteşem güzellikte geçti. Düğün masraflarımızı, evimizin düzenlenmesini biz karşıladığımız için iki yıl maddi sıkıntılar çektik. Ama en önemli sıkıntı, ben eşimin İstanbul'da bir kızla evlenmeyi çok istediğini ama ailesine kabul ettiremediğini öğrendiğimde oldu.
Her hareketini sorgulamaya başladım. "Acaba beni seviyor mu? Karşısına o çıksa ne yapar?"
Kendimi iki sevenin arasına girmiş kara kedi gibi hissettim. Çok sıkıntılar yaşadım, ama aynı zamanda da eşimin bana olan sevgisinden içim eminde. Bir gün dedim ki, "Boşanalım! Eğer onunla devam etmek istersen, özgürsün!"
Ayaklarıma kapanıp ağladı, yeminler etti. Çok sevdim hocam, öyle çok, öyle güzel sevdim ki beni sevmekten başka çare bırakmadım ona.

Burayı okurken durakladım; gözlerim doldu. "İşte budur!" dedim. Gerçek özgürlüğünün bilincine varmış bir insanın cesareti ve hayatın kutsallığına olan inancı! Böyle bir insan şablonlarıyla değil, seçimleriyle yaşar!

Çok tartışmalar, ihtiraslı barışmalar yaşadık! En kritik kötü anlarımda çevremdeki evlilikleri gözlemledim, benden daha kötü durumda olan kadınlara baktım! Her seferinde halime şükrettim.

Bugün o kadar uyumlu, mutlu bir çiftiz ki tüm çektiğim sıkıntılara değdi! Belki de diyorum, bizi bu kadar bağlayan tek şey kaybetme korkumuzdu.

Savaşçı adlı kitabımda sözünü ettiğim Kızılderili bilge kişi Don Juan, "Ölümünün bilincine varmamış insan yaşamının anlamını kavrayamaz," der. Eşini her an kaybedebileceğinin farkında olmayan da onun varlığının değerini anlayamaz. Birlikte olmak ve yaşamak özgür bir seçimin sonucu olduğu zaman o ilişkiye canlılık ve disiplin gelir. CAN ne demektir, YÜZ ne demektir, ilişkide değerlerin yaşaması niçin önemlidir, anlam kazanmaya başlar.

Uzun vadede geri dönüşü beni mutlu edecek hiçbir şeyi esirgemedim ondan. Ben iyi insan oldum, ailesini sevdim. Şık oldum, şık olunca o beni beğendi, güzel sözler söyledi, dans ettik, bana çok nazik davrandı. Her gün şaşırtmak için değişik güzel yemekler yaptım, kendimi geliştirdim, sıradanlıktan çıkardım.

Anladım ki, kılık kıyafetiniz, konuşma tarzınız, hal ve hareketleriniz size nasıl davranılması gerektiğini gösterir.

Kılık kıyafetle ilgili bu cümle, YÜZ ile ilgili önemli bir bilgelik içeriyor. Evet, "Benim kılığım kıyafetim ne olursa olsun, onlar benim özümü görüp anlasınlar," yaklaşımı sağlıklı ve doğru bir yaklaşım değildir. Daha olgun bir tutum, *kişinin kendi CAN'ına yakışan kılık kıyafeti, görüntüyü, hal ve tavrı, yani YÜZ'ü seçmesidir.*

Fedakârlık ediyormuş gibi bakmamak lazım olaya. Siz iyi olun, her konuda iyilikler ve güzellikler size gelecektir. Tek püf noktası bu aslında.

"Aşkın ömrü iki yıldır", "Evlilik aşkı öldürüyor" gibi cümleleri ben kendi hayatımda çürüttüm. Eşime hâlâ âşığım, onun olmadığı her ortamda kendimi eksik hissediyorum. Onunla her an çok eğlenceli; yolculuk yapmak, balık tutmak, yürüyüş yapmak, siyaset tartışmak... Hayattaki en iyi arkadaşım.

Benim en büyük şansım yaptığım iyilikleri güzellikleri anlayabilecek, buna karşılık verebilecek kapasitede naif bir insana rastlamış olmam. Biz yokluğa, sıkıntılara, hastalıklara beraber göğüs gerdik, beraber ağladık, beraber güldük; belki de aynı duygusal yoğunluğa sahibiz diye bu kadar uyumluyduk. Şimdi her gün dua ediyorum Allah'a bu mutluluğa gölge düşürecek, hastalık, ölüm, dert vermesin diye. Allahım herkesi mutlu olabileceği iyi insanlarla karşılaştırsın.

Evet, görücü usulü bir tanışmayla başlayan, ama varoluşunun anlamını keşfetmiş bir kadının bilincinden beslenen ve sürekli gelişen bir evlilik öyküsü.

Türkiye'de Mutlu Evlilikler Üzerine Yapılan Bir Çalışma

Prof. Dr. Medaim Yanık eş/evlilik terapileri üstüne odaklanan bir terapist. Son kitabında şöyle diyor: "Ana çalışma alanlarından biri eş terapileri olan bir psikiyatrist olarak, yolunda gitmeyen çok sayıda eş ilişkisi dinliyorum. Bazen evliliklerle ilgili umutsuzluğa kapılır gibi oluyorum."

Dr. Yanık mutsuz evliliklerden sıkılıp iyi/mutlu evliliklerle ilgili bir çalışma yapmak istiyor. Otuz beş mutlu evli çiftle yüz yüze yapılan derinlemesine görüşmeler sonunda mutlu evliliklerinin temelinde yedi özellik bulunduğunu gözlemliyor. Özetle, mutlu evlilikleri olanlar:

1. Doğru kişi ile evli olduklarını düşünüyorlar ve evliliklerine bakışları olumlu;
2. Birbirlerinin farklı taraflarını kabul ediyor ve bu farklılıkları yönetmeyi biliyorlar;
3. Aralarında nasıl tartışacaklarını biliyorlar; birbirlerini incitmeden tartışabiliyorlar;
4. Aralarında küs kalmıyorlar;
5. Birbirlerini çekici buluyorlar ve cinsel hayatlarını devam ettiriyorlar;
6. Şu altı alanda çıkan sorunlarda, aralarında konuşup uzlaşabiliyorlar:
   – Aileler arası ilişkinin nasıl olacağı,
   – Cinsel yaşamın sıklığı ve içeriği,
   – Çocukların eğitiminin nasıl yapılacağı,
   – Eve giren paranın nasıl yönetileceği,
   – Ev işlerinin kimler tarafından ve nasıl yapılacağı,
   – Boş zamanların nasıl geçirileceği;
7. Arkadaşlıkları iyi. Mutlu çiftler eşleriyle beraber olmaktan kaçmıyorlar; aksine beraber olmaktan hoşlanıyorlar.

Profesör Yanık'ın çalışmasından çıkan sonuçlarla, şimdiye kadar söylediklerimiz arasındaki benzerlik herhalde sizi şaşırtmadı. Mutlu evliliklerin 7 özelliğine baktığınız zaman eşlerin iletişim olgunluğuna sahip olduğunu ve ilişkilerinde birbirlerine önem verdiklerini, güvendiklerini, birbirlerini farklarıyla oldukları gibi kabul ettiklerini, sevdiklerini ve saydıklarını görüyorsunuz.

Kitabın son kısmı evlilikte yaşayan değerler üzerine olacaktır. Eşlerin yaşadıkları ve aralarında yaşattıkları değerler, ilişkinin sağlıklı gelişimi yönünden çok önemlidir.

Sözün Kısası

*Güven,
dürüstlük ağacının
meyvesidir!*

DC

İki insan birbirinin farkına vardığı anda iletişim başlar. İletişim insanlar arasında mesaj alışverişidir. İletişim içinde, insanın toplumsal konumunu belirten sosyal kimliği ve insanın birey olarak tekliğini, özünü ifade eden psikolojik kimliği devreye girer. Sosyal ilişkiler içinde YÜZ baskın bir hayat yaşayabilirsiniz; ne var ki, hayatın anlamını CAN olarak deneyimlersiniz.

Evlilikte olduğu gibi, aynı ortamı uzun süre paylaşan kişiler sadece iletişim kurmanın ötesine geçerek, ilişki kurarlar. İlişkide içerik mesajlarından daha çok ilişki mesajları anlam kazanır. İlişki mesajları altı tanıklık boyutunda ilişkiyi tanımlar. Eşler ilişkileri içinde birbirlerine altı tanıklık boyutunu yaşatıyorsa, o evlilik mutludur ve gelişmeye devam eder.

Evlenmeden önce müstakbel eşlerin iletişim olgunluğu kazanmaları çok önemlidir. İletişim olgunluğunun üç öğesi vardır:

1. İletişim kurma amacının farkında olmak ve o amacı nasıl ifade edeceğini bilmek;
2. Söyleyeceklerini, iletişim kurduğu kişinin gözünden değerlendirerek konuşmak;

3. O an içinde bulunulan sosyal ortamı dikkate alarak, nerede, kiminle, ne zaman, nasıl konuşacağını bilmek.

Denetim Odaklı Korku Kültürü'nde sosyal kimlikler yani YÜZ önemlidir; insan olmaya, insanın özü CAN'a değer verilmez. O nedenle Korku Kültürü içinde oluşmuş evliliklerde 'karı' vardır, 'herif' vardır, ama 'insan insana' ilişki yoktur.

Gelişim Odaklı Değerler Kültürü'nde sosyal kimlik, YÜZ vardır, ama baskın olan insandır, insanın özü CAN'dır. O nedenle Değerler Kültürü içinde oluşmuş evliliklerde 'kadın' vardır, 'erkek' vardır, ama esas temel ilişki 'insan insana' ilişkidir.

Her ilişki gibi kadın erkek ilişkisinin de canı vardır; bakımı ve beslenmesi gerekir. Evliliğin de tıpkı toprağını, suyunu, güneşini, ortamını bulmuş çiçek gibi pırıl pırıl canlı olması mümkün. Ama böyle bir evlilik için gerekli adımlar evlendikten sonra değil, EVLENMEDEN ÖNCE atılmalıdır.

Müstakbel eşiniz evlenme olgunluğuna sahip mi? Nasıl bir ailede büyüdü? Korku Kültürü içinde kurulan bir evliliğin içine doğup utandırılarak mı, yoksa Değerler Kültürü içinde yüreklendirilerek mi büyüdü? Başkalarına mı hesap vermeyi, yoksa kendine mi hesap vermeyi önemsiyor? Kendine hesap veren insan 'evlendiği kişiyi yaşamak için' evlenir, 'onu kullanmak için' değil. Onunla birlikte hayatı yaşamak bir ayrıcalıktır.

Görücü usulüyle tanışmak bizim toplumumuzda sık sık karşılaşılan bir olgudur. Önemli olan, bu şekilde tanıştırılanların evliliğe zorlanmamasıdır. Görücü usulüyle tanışıp birbiriyle konuşan, birbirini keşfedip anlaştıktan sonra evlenen insanlar sağlıklı bir evlilik yapabilirler. Önemli olan sizin o dönemde nelerin farkında olduğunuz ve aranızdaki ilişki konusunda neler yaptığınızdır!

… DÖRDÜNCÜ BÖLÜM

Paylaşılan Değerler:
Evliliğe Anlam Veren Çerçeve

Haklı çıkmak için karşısındakini bastırmaya çalışan, gerçeği anlamak için sabırla dinleyenden farklıdır; biri güç, diğeri hakkaniyet peşindedir.

DC

Çiftlerin iyi iletişim becerilerine sahip olması, evlilik ilişkisinin sağlıklı olması için yeterli değildir. Evliliğin temel gereksinimlerinden birisi de eşlerin birbirlerine duydukları güven duygusudur. İnsanlar birbirlerine güven duymadıkları bir ilişkide kendilerini karşı tarafa açamazlar, saklarlar. Bu güven duygusu paylaşılan değerlerden kaynaklanır. Çiftlerin yaşadıkları ve yaşattıkları ortak değerler, ilişkide kendileri olarak var olmalarını ve BİZ olarak hissetmelerini sağlayan şeydir.

Evlenmeden önce ortak değerlerinizi keşfetmek önemlidir. Çiftlerden biri sade, öbürü gösterişli bir yaşam peşindeyse, ne kadar iyi iletişim kurarlarsa kursunlar, mutlaka ilişki sorunu yaşarlar. Biri son derece dindar, diğeri manevi konularda tamamen umursamaz ise uyum zorluğu çekerler. Buna karşın, ikisi de aynı derecede dindar olmasa da dinin temelindeki manevi değerler üzerinde anlaşabiliyorlarsa, din bir tartışma ve çatışma konusu olmaktan çıkar.

Müstakbel eşlerden biri, çocuk sahibi olmadan evliliğin anlamını tamamlayamayacağını düşünürken, diğeri çocuk istemiyorsa, ne kadar iyi iletişim kurarlarsa kursunlar, sorun yaşayacaklardır. Yaşam önceliklerini evlenmeden önce konuşmak gerekir; biri aileyi, diğeri kariyeri önceliğine koyuyorsa bu durum evlenmeden önce açık seçik bilinmelidir. Gerçeğe saygı duymak, özü sözü bir olmak, ilişkide saygılı olmak, empati içinde sevgiyle iletişim kurmak, sorumluluk almayı bilmek önemli değerlerdir.

Gelecekte kurmak istediğiniz yuva konusundaki düşünceleriniz evlilik öncesi sohbetlerinizle açıklığa kavuşturulmalıdır. Evlendikten sonra ortaya çıkacak farklılıklar hayal kırıklıklarına ve derin duygusal kırgınlıklara yol açar. Yeniden söylemek istiyorum, bu tür hayal kırıklıkları ve duygusal kırgınlıklar etkili iletişim becerileriyle giderilemez. Eşler arasında temel inanç ve değerler konusunda uyum, evliliğin en önemli öğesidir.

Değerler Niçin Önemli?

'Hayatta kalmak' ile 'hayatı yaşamak' arasında bir fark görüyor musunuz? Görmüyorsanız, değerler sizi ilgilendirmez; siz Korku Kültürü'nün şablonuyla yolunuza devam edebilirsiniz. Ama, "Yaşamak bir ağaç gibi tek ve hür, ve bir orman gibi kardeşçesine"[5] diyorsanız, o zaman hem kendi değerlerinizi hem de birlikte yaşamayı seçtiğiniz kişinin değerlerini bilmek, bunların üstünde konuşmak, sohbet etmek ve anlaşmak durumundasınız.

BEN değerleri ve BİZ değerleri

Korku Kültürü'nün ilişki şablonunda süregiden bir gizli güç çekişmesi vardır. Güçlü olan kişi "BEN!" der ve zayıf olan kişinin, "Evet efendim siz!" demesini bekler. Güçlü olan her zaman haklıdır. Erkeğin kazak olması alkışlanır, karısına insanca adil ve saygılı davranan, 'kılıbık erkek' damgasıyla yerilir. Kadın ve erkeğin onurlu iki insan olarak eşit konumda olmaları Korku Kültürü şablonunun anlam verebileceği bir durum değildir.

Birlikte yaşamı paylaşmak, birbirinizi yaşamak için evleniyorsanız, müstakbel eşinizle paylaştığınız değerlerin farkında olmak önceliğiniz olmalıdır. Bu evlilikte siz kendiniz olarak var olmayı ve eşinizin de kendisi olarak var olmasını, yani BİZ olmayı önemsiyorsanız, değerlerinizin uyum içinde olması şarttır.

Bir Öneri

Müstakbel eşinizle bir sohbet içinde aşağıdaki dört konuda birbirinizi keşfetmeyi amaçlayın:

Kaygılarınız

Oturun, çekinmeden birbirinize gelecekle ilgili kaygılarınızı açık açık söyleyin; hatta bir liste oluşturun. Biliyorum bu zor, ama ilişkinizin geleceği bakımından çok önemli bir çalışma yaptığınızı bilin ve zorluğuna rağmen yapın.

Bunlar maddi kaygılar olabilir, yakın aileyle ilişkinizden kaynaklanan kaygılar olabilir, nerede oturacağınızla ya da işe gidiş gelişle ilgili kaygılar olabilir. Önce bir liste çıkarmaya başlayın ve bu liste tamamlanıncaya kadar konuşmaya devam edin. Hemen o an kaygılarınızı çözmeye yönelmeyin. Önceliğiniz, aklınıza gelen tüm kaygıların listesini tamamlamak olmalıdır.

Başka bir buluşmanızda bu kaygılarla ilgili çözümler üzerinde konuşmaya başlayın. Yaşam bir ekip işidir, kaygınızın altında yatan sorunları çözmek için başkalarından da akıl alma ihtiyacı duyabilirsiniz; bu çok doğal ve sağlıklıdır. Akıl almak isteyeceğiniz insanları birlikte dikkatle seçin.

Beklentileriniz

Beklentilerinizin farkında mısınız? Öncelikle, birbirinizin evlilikten beklediklerinin farkına varın.

Bu konuda da ilk adımda bir liste çıkarın; bu liste tamamlanıncaya kadar konuşun. Hemen o an farklılıklar üzerinde tartışmaya başlamayın. Aklınıza gelen tüm beklentileri yazın.

Bu beklentiler YÜZ beklentileri mi? Yani Korku Kültürü'nün önemli gördüğü sosyal rollerden gelen 'kadın şunu yapmalıdır', 'erkek bunu yapmalıdır' gibi beklentiler mi, yoksa birbirini seven iki insanın hayatı paylaşmak kararından kaynaklı beklentiler mi? Teker teker ele alın ve sohbet içinde köklerine inip araştırın.

Değerleriniz

Aranızda yaşatmak istediğiniz değerlerin ne olduğu üzerinde düşündünüz mü? Kendi kişisel değerlerinizin ne olduğunu biliyor musunuz? Değerler öyle güçlü inançlardır ki, onlar olmadan hayatınızın anlamı kalmaz ve kendinizi kendiniz olarak hissedemezsiniz. Tıpkı sizin gibi, müstakbel eşinizin de içinde taşıdığı ve inandığı değerleri vardır. İlişkiniz bu değerleri koruyacak mı yoksa sarsarak zedeleyecek mi?

Sevgi, saygı, hakkaniyet, halden anlama (empati), işbirliği, dürüstlük, sadakat, şeffaflık, sınırlar ve sorumluluk bilinci sizin için birer değer mi? Birbirinizi kadın ve erkek olarak gördüğünüz gibi, birer insan olarak da görebiliyor musunuz? Yoksa evliliğinizin temelinde sürekli bir 'karı' ve 'herif' ilişkisi mi yer alacak? Unutmayın, sizin ve eşinizin pusulası aynı kuzeyi göstermiyorsa, yaşam yolculuğunuzda tartışma ve çatışmalar kaçınılmaz olacaktır.

Kurallarınız

Bu değerleri koruyacak ve korunduğunu gözlemleme fırsatı yaşatacak kurallarınızı konuşun. Sizin BİZ yolculuğu yapmanız için mutfakta, banyoda, yatak odasında, misafir odasında, misafirliğe gittiğinizde kurallarınız ne olacak? Paranızı harcamadan önce bütçe yapacak mısınız? Bütçe yaparken önceliklerinizi tartışacak mısınız? Kuralları birlikte konuşa konuşa kararlaştırın. Kurallar BİZ'i korumak ve güçlendirmek için vardır, birinin diğerini ezmesi için değil.

Gelecek bölümde bu dediklerimizin yaşama nasıl yansıdığını gözlemleyeceğiz.

Ben Değerleri Sorun Çıkarır, Biz Değerleri Sorun Çözer

> *İnsanlar,*
> *diğer insanlara*
> *yaptığı hizmet içinde*
> *gelişir ve olgunlaşır.*
>
> DC

Değerlerinin bilincinde olan ve bu değerleri yaşayan eşlerle, değerlerinin bilincinde olmayan eşler arasında ilişki kalitesi açısından önemli farklar olacaktır. Gerçek yaşam öyküleri bunu açık seçik göstermektedir.

Kıskanmak, Sevmek Değildir

Yirmi beş yaşında bekâr bir kadın yazmış. Geçmişte yaşadığı iki farklı ilişkiyi ele almış ve kıskançlık üzerinde düşünmeye başlamış.

Yanlış bir evlilikten korkuyorum. Sağımda solumda öyle mutsuz evlilikler var ki. Evliliklerini mutlu bir şekilde sürdürmeye değil katlanmaya çalışıyorlar.

Eski sevgilim beni hiç kıskanmıyordu hocam. Bu bir tahmin değil. Ona tekrar tekrar sordum ve aynı cevabı aldım.

Bu soruyu hayretle karşılayıp, "Ben seni kıskanmıyorum, sana güveniyorum," derdi.

Başlarda çok üzerinde durmadım. Çevremde çok sevdiğim, kimi zaman bana kardeş kimi zaman da abi olan iki erkek arkadaşım var. Onlar eski sevgilimin arkadaşları değildi ve, "Sevgilin bizi kıskanmıyor mu?" diye soruyorlardı. Ben de hayır kıskanmıyor dediğimde sevgilimin beni sevmediğini söylerlerdi. "Seven insan kıskanır" klişesi var ya... Onu deyip, "Normal değil bu. Bu çocuğun seni sevdiğine emin misin?" diye irdeliyorlardı. Onlar da beni korumaya çalışıyorlardı kendi algı çerçevelerinde, bu sebeple onlara hiç kızmadım. Ne var ki sürekli duyunca içime kurt düştü.

Eski sevgilime bir gün sordum: "Tamam sen bana güveniyorsun. Çevremde arkadaş diye görüştüğüm biri ya benden hoşlanırsa. O zaman da mı kıskanmazsın?"

Verdiği cevap şu oldu: "Olabilir. Sen ona gerekli cevabı verirsin. Senin nasıl davranacağını biliyorum, en azından tahmin ediyorum. Dolayısıyla kıskanmamı gerektirecek bir durum yok."

Hiçbir şey diyemedim. Öylece baktım. Bildiğim, öğrendiğim kalıptan ayrı bir şeydi bu dediği. Bir yanım evet haklı derken; diğer yanım yine de kıskansa iyi olur diyordu.

Hocam kitaplarınızda bahsediyorsunuz ya Korku Kültürü diye. Ben ve arkadaşlarım Korku Kültürü'nün bizde oluşturduğu kalıba göre düşünüyorduk. Sevgilimse o Korku Kültürü'nde değildi.

Tabi ben bunu çok sonra fark ettim. Konuşarak ayrıldık. Birbirimizi kırmadan, kavgalar etmeden, birbirimizi anlayarak ayrıldık. Sebep ise farklı yaşam danslarımız vardı ve uyum sağlayamadık birbirimize.

Hocam hâlâ haberleşiriz. Bir gün 'Whatsapp' profilime şu bahsettiğim iki arkadaşımla olan fotoğrafımı koydum. Eski sevgilim fotoğrafı görmüş ve mesaj attı. Dedi ki: "Hani sürekli bana, kıskanmıyor musun, diye soruyordun ya. Kıskanmadığımı söylüyordum. Şu an seni kıskanıyorum, çünkü yanımda değilsin!" Yine bir şey diyemedim. Hocam işte o an beni gerçekten sevdiğini hissettim.

Kıskanmak bir ölçüt değil, "Seven insan kıskanır" yorumu doğru değil. Seven değil sahip olmak isteyen kıskanır. Sevmek... sahip olmak... Çok farklı şeyler.

Daha sonra flörtleştiğim biri oldu. Yolda selamlaştığım cinsiyeti erkek olan tüm arkadaşlarımdan kıskanıyordu. Sevgilim olmamasına rağmen bakışlarıyla zaten ya beni hapsediyor ya karşı tarafa gözdağı veriyor ya da kendini yiyip bitiriyordu.

Ben artık sevmekle kıskanmanın apayrı kavramlar olduğunu düşünüyorum. Kıskançlığın altında yatan çok çeşitli dinamikler olabilir: güven eksikliği, bağlanma problemi, özgüven eksikliği... Ama bu dinamiklerden biri kesinlikle sevmek değil."

Korku Kültürü ile Değerler Kültürü arasındaki farkı çok net ortaya koyduğu için bu mektubu kitaba aldım. Evet, bir insanın duygularını onu korkutarak denetlemeye çalışıyorsanız, hapishane gardiyanından farkınız kalmıyor.

Eşini kıskanan kadın ya da erkek, eşini tutsak kendisini de bir gardiyan durumuna düşürdüğünün farkında mı?

Hayır!

Niçin farkında değil?

Çünkü Korku Kültürü'nün şablonu içinde yaşadığından, kişinin sevgi ya da korku nedeniyle birlikte olması arasındaki farkı göremiyor. "Eşiniz sizi niçin aldatmıyor?" diye sorduklarında, "Çünkü benden korkuyor, kendini kıskandığımı biliyor, başkasını sever, beni aldatırsa, onu fena yapacağımı biliyor!" cevabını veriyor.

Bu yaklaşım bireylerin ötesinde bir toplumun bütününe yayılmışsa o toplumda insan insana evlilik oluşturmak zorlaşır. Ve ne yazık ki kıskançlık toplumda çok yaygın bir konudur.

Bu söylediklerimizi unutmadan aşağıdaki mektupla devam edelim:

Eşimi çok kıskanıyorum ve sorunlarımızın çoğu bundan dolayı çıkıyor. Yani asla ailesinden değil, aslında etrafında görüştüğü bayan da yok, ama işte ben paranoyak derecesinde kıskanıyorum. Hatta bazen kendim yazıp kendim oynuyorum. Çünkü insanlara güvenim çok yıkıldı.

İki çocuklu, saçının telini dahi göstermeyen yakın bir akrabam eşini aldattı. O durumdan sonra iyice yıkıldım, insanlara hiç güvenim kalmadı. Eşimle ilişkimize zarar verecek boyuta geldim. Sanki bütün kadınlar eşime bakıyor. Eşim de onlara...

Buram buram CAN yalnızlığı kokan bir mektup; Korku Kültürü'nün şablonu içinde oluşan kişiliklerin yer aldığı bir yaşam ve ne kendine, ne de başkasına güvenebilen bir insan. YÜZ baskın bir evlilikte CAN'ın yalnızlığı güvensizlik olarak hortlar.

Oysa değerlerin yaşadığı CAN baskın bir evlilikte güven vardır. Kıskançlık sarmaşığının kökleri beslenmediği için güçlenip gelişemez.

Savaşçı Bilinci İçinde Yaşamak

Özellikle ilk iki senesinde çok çok zorlandığım, şu an neredeyse 19 yıla ulaşan mutlu bir evliliğim var. Kitaplardan çok yararlandım ve öğrendiklerimi evliliğime uyguladım. Sizin kitap hazırlığında olmanız beni çok sevindirdi, "Doğan hocamın kitabında bahsetmesini istediğim neler var? Ben olsam gençlere hangi öğrendiklerimi aktarmak isterdim?" gibi düşünceler aklımdan geçti ve size o amaçla yazıyorum.

İyi anlaşan bir çift görünce insanlar hemen, "Benim de böyle bir kocam/karım olsa elbette iyi anlaşırdık, şans işte!" derler ya; işte böyle bir kitapla, tüm toplumumuza bunun bir şans olmadığını, mutlaka her iki kişinin ya da en azından birisinin bilinçli çabalarından kaynaklandığını anlatmanızı isterdim.

Yani kitabı okuyan evli ve mutsuz biri, "Ben yanlış kişiyi seçmişim, artık bizim için umut yok!" diyerek karalar bağlayacağına, "Yeterince çaba harcarsam bizim için de bir umut var demek ki!" duygusuna ulaşsa ne iyi olurdu. "Madem iyi anlaşan çiftlerin farkında olarak veya olmayarak uyguladıkları bazı bilgiler varmış, o bilgileri ben de bir an evvel öğrenip uygulayayım," demelerini çok isterdim.

Fakat yukarıdaki gibi düşünebilmek için galiba ÖNCE, değişimin MÜMKÜN olduğunu anlatmanızı isterdim çünkü çevremde çoğu insan, ne yaparsa yapsın hiçbir şeyin değişmeyeceğine inanıyor.

Ben de onlardan biriydim, yani farkında değildim ama öyleymişim!

Keşke bazı atasözlerini yasaklamak mümkün olsaydı! "Can çıkar huy çıkmaz", "Yedisinde neyse yetmişinde de odur" gibi...

Bunlara bir de aile içinde duyduğumuz "Babasına çekmiş" veya "Dayısı da aynı böyleydi" gibi cümleler eklenince... Ben de evlendiğim sırada (ki 26 yaşındaydım) insanların huylarının tıpkı genetik özellikler gibi (göz rengi, derimizin rengi gibi) değişmez şeyler olduğunu sanıyordum.

Bu yüzden, eşimin de (birbirimizi tanıma dönemindeki davranışlarının aksine) tıpkı benim gibi, sorun yaşadığında küsen ve kendi içine kapanan bir kişi olduğunu fark ettiğimde büyük hayal kırıklığı yaşamış, bunun aşılamaz bir sorun olduğunu düşünmüş ve yanlış kişiyle evlendiğime karar vermiştim.

İki küskün bir evde ne yapacaktık! Mademki insanların huyları değişmezdi, öyleyse bir çözüm bulunamazdı ve ben belli ki yanlış kişiyle evlenmiştim!

Çok şükür Rabbime, umutlarımın ve dayanma gücümün sınırlarındayken karşıma kitaplarınız çıktı ve ben ikimizin de sorunlar karşısında 10 yaşındaki çocukların sahip olduğu donanıma sahip birer yetişkin çocuk olduğumuzu öğrendim.

Tıpkı 10 yaş çocukları gibi sorunlar karşısında ya bağırıp kavga etmek ya da kızıp, küsüp konuşmamak gibi ilkel yöntemler geliyordu elimizden, çünkü başka türlü bir örnek görmemiştik yaşantımızda.

Oysa tıpkı gerçek birer yetişkin gibi akılcı yöntemler kullanarak, uygun zamanda ve uygun üslupla konuşarak sorunlarını çözebilen insanlar da varmış. Yani üçüncü bir seçenek varmış ve biz istersek o seçeneği öğrenip uygulayabilirmişiz.

Ayrıca değişimin mümkün olduğunu ve buna kendimizden başlamak gerektiğini ve hayatın her an seçimlerden ibaret olduğunu öğrendim.

Bunlar o kadar değerli bilgilerdi ki birer hazine gibi sarıldım onlara. Okuyup öğrenmeliydim ama çok zorlandım. Sıklıkla "Neden HEP BEN bir şeyler yapıyorum? O da çaba göstersin!" diye kendi kendime isyan ediyordum; çünkü yeni şeyler öğrenip onları uygulamak çok zor geliyordu, hazıra konmak istiyordum.

Bu yüzden kızgınlık ve bezginlikle boşa zaman harcadığım çok oldu. En sonunda yıllar sonra, karşıdan bir şey beklemeyip harekete geçen ilk kişi olmanın ve kendi öğrendiklerini karşıdaki kişiye örnek olmak suretiyle aktarıp ilişkideki düzelmeleri izlemenin ne kadar büyük bir zevk ve onur olduğunu öğrenebildim çok şükür.

Mektubu burada keserek siz okurlarıma şunu söylemek istiyorum; Savaşçı'nın niyetinin saflığını keşfetmesi anına tanıklık etmiş oldunuz! Savaşçı kendi seçimlerinden sorumludur; yaşamında kendi olarak var olabilme mücadelesi onun mücadelesidir. Karşıdan bir şey beklemeden harekete geçen kişi o olur; kendine, evrene ve yaşama güvenerek, niyetinin saflığı içinde 'doğru adımı' atar! Bir tek şeyden sorumludur; niyetinin saflığı içinde düşünmek, hissetmek ve davranmak. Ne güzel bir duygu; böyle bir yaşam deneyimi elde etmenin "büyük bir zevk ve onur olduğunu öğrenmek" ve şükür duygusuyla dopdolu olmak.

Bir de Onun Gözüyle Bak – Halden Anlama, Empati

Aşağıdaki olay sanırım değişik içerik ve şekillerde sık sık eşlerin karşısına çıkar; karşınızdakine iyi niyetle bir şey vermek, onun için bir şey yapmak istersiniz ve sonunda onun anlayışsızlığı ve kabalığıyla karşılaşır, pişman olur, gücenir ve kızarsınız. Ama bir de onun gözüyle bakmak aklınıza gelirse, o zaman belki de özür dilemesi gereken siz olduğunuzu anlarsınız!

Sizin "farklı algılamalar" konusunda bir örneğinizi okumuş ve konuyu anladığımı zannetmiştim. Oysa anlamamışım!!! Öyle olsa, şu olay eşimle aramızda hiç sorun olmazdı:

Canı çeker diye, bana aldığı mis kokulu süt mısırından yemesi için eşime bir-iki kez teklifte bulunmuş, ben çok sevdiğim için ve bana daha fazla kalsın diye yeme teklifimi geri çevirdiğini düşünerek çok şirin ve tatlı bir dille ısrarcı olurken, birden bire sokak ortasında, "İstemiyorum dedik ya, niye ısrar ediyorsun!" diye kükreyen sesiyle şok geçirmiştim!

Ne kadar bozulduğumu ve üzüldüğümü size anlatamam. Bir öküzle evlenmiş olduğumu düşünmüştüm. Ben onun canı çeker diye ve onu düşündüğümü göstermek için çok sevdiğim mısırı paylaşmaya çalışırken o sokak ortasında bana öküz gibi bağırıyordu! Elbette kesinlikle ben haklıydım; bu yüzden kızıp küsmüştüm ve karşı taraftan çok büyük bir özür bekliyordum. Ama ne garip ki o da bana karşı aynı kızgın gözlerle bakıyor ve sanki o da benden özür bekliyordu! Pişkin öküzdü yani benim gözümde...

Bu durum günlerce kafamı kurcaladı, içimde büyük kırgınlıkla günler geçiyordu. Tavşan dağa küsmüş, ama dağın haberi olmamış gibiydi.

Bir sabah eşim yanımda uyurken, işte bu sizin "farklı algılama" konusu aklıma geldi. İlk defa, "Acaba o bu durumu farklı algılamış olabilir mi?" diye düşünerek okuduğum bilgiyi kendi yaşantıma aktarmaya çalıştım. Birden bir şey dank etti! Eşim o dönemde –genç yaşta– şeker hastası olduğunu öğrenmiş ve kitaplar okumaya, hangi yiyeceklerin zararlı olduğunu öğrenmeye başlamıştı. Tabi bugünkü gibi TV'lerde bu tür bilgiler sıkça verilmediği ve biz de aramızda bir sohbet ortamı kuramamış olduğumuz için benim bu yiyecekler hakkında hiçbir bilgim ve fikrim yoktu. O an farkına vardım ki eşim, mısırın şekerine dokunacağını bildiği için yemek istememişti. Benim ısrarımı da muhtemelen, hastalığına karşı duyarsızlık olarak algılamış ve doğal olarak bana içerlemiş ve ben de ısrarımı sürdürünce dayanamayıp öfkeyle bağırmıştı. Yani onun açısından bakınca, gerçekten de benim özür dilemem gerekiyordu. Bu durumda "öküz" olan aslında bendim! Bunu fark ettiğim anı ve o anki mutluluğumu hâlâ hatırlıyorum.

Mektup yazan okurumun bahsettiği an, bilginin farkındalık haline dönüştüğü andır. Nedir o farkındalık? Empati! Halk diliyle, halden anlama! "Bir de onun gözüyle bakma" hali.

Kitaplarınızı ilk okuduğum ama hâlâ hayatımın berbat olduğu dönemde, okumanın faydasını hayatımda bizzat yaşayarak gördüğüm ve bu yüzden kitaplara sıkıca sarılmama yol açan bir örnek daha yaşadım.

Eşimle birlikte bir doğum günü için hediye aldık ve eşimin ailesine gitmek için yaklaşık 2-3 saat sürecek bir yolculuğa çıkmak üzere dükkândan ayrıldık. Dükkândan çıktığımız sırada aramızda kısacık bir konuşma geçti ve birden buz gibi bir hava esti. İkimiz de bu tür durumlarda hep olduğu gibi susup birbirimize küstük.

Ben o yakınlarda, "Hayat seçimlerden ibarettir, her durumda bir seçim yaparız" mesajını almıştım. Dedim ki ken-

dime "Şimdi bir seçim yapacaksın kızım! Ya eskisi gibi aynı alışkanlıklarını sürdürüp iki-üç saatlik yolu, içinde fırtınalar koparken yine hiç konuşmadan geçirecek, oraya vardığında aileye bir şey belli etmemek için rol yapacak ve bundan dolayı da kendini berbat hissedeceksin, ya da inisiyatif alıp sana çok zor görünse de, sana çok yapmacık gelse de, iletişim kurallarını unutmadan (suçlayıcı konuşmadan, –çünkü o zaman karşındaki seni dinleyemez, söylediklerini düşman saldırısı olarak görür– sadece kendi duygunu ifade ederek) konuşacaksın ve durumu bir sonuca bağlayacaksın. Belki de bir yanlış anlaşılma olmuştur?"

Nitekim sakince bir-iki cümle kurmuştum ki eşim de bir şey söyledi ve birbirimizi yanlış anladığımızı anlayıp birdenbire gülümseyip barışıverdik. İşte yine bir başarı kazanmıştım ve çok mutlu olmuştum. Öğrenecek çok şey vardı, uygulamak çok zor geliyordu ve, "Keşke o da okusa, niye hep ben öğrenmek zorundayım ki?" gibi düşüncelerle başa çıkmak zorlayıcıydı, ama buna değdiğini hayatımdaki örneklerle görmüştüm.

İlişki, empati değerinin yani diğerinin gözüyle görmenin hayata girmesiyle bir dönüşüm yaşıyor. Korku Kültürü'nde empatinin gelişmesi mümkün değildir; çünkü diğerinden hep güçlü olma ve onu korkutarak sindirme niyetindeki biri, karşıdakinin ancak hatalarını ve zayıf taraflarını görmeye koşullanmıştır. Korku şablonunun doğal sonucu olarak bunu her ilişkisine aktarır. Bunun farkına varmak ve farkına vardıktan sonra empati değerini ilişkide canlı tutmak önemli bir hayat başarısıdır. Bana mektup yazan okurumu kutluyorum. Bir insanın ilişkisine getirdiği değerlerin farkına varması önemli bir gelişim adımıdır.

Temel Değerler İlişkide Yaşayınca

Otuz beş yaşındayım, 13 yıldır evliyim; 11 yaşında kızım, 7 yaşında oğlum var. Üniversite lisans mezunuyum, eşim lise mezunu. Altı sene süren birliktelikten sonra eşimle anne-baba rızası olmadan evlendim! Altı sene görmediler bile eşimi; kültür farkı var diye.

Ben uç bir örneğim sanırım; benim ailemin maddi durumu iyi, eşimin aile durumu kötü; ben üniversite, eşim lise mezunu; evlendiğimizde ben özel bir bankada çalışıyordum, eşim mağazada. Benim annem göçmen Trakyalı, babam laz Karadenizli, eşim Kürt Doğulu. Annem Alevi, babam Hanefi, eşim Şafi.

Bana kalırsa her şey bahane hayatta; biraz huzur, biraz aza kanaat, en çok da sağlık önemli.

Alın size üç tane önemli değer: *huzur, aza kanaat* ve *sağlık.* Bu değerleri özümseyip farkındalıklar olarak ilişkide yaşatmak önemli bir başarı. Mektubu okumaya devam edelim, bakalım ilişkide başka değerler keşfedecek miyiz?

Hayat hikâyem çok uzun, yazmakla bitmez, ama şu an bu kadar farklı kültürlere rağmen çok sık bir araya gelen ve birlikteyken konuşulan farklı şivelerden ötürü tiyatrodan farksız olan bir aileyiz!

İtiraf edeyim, onlar bir araya geldikleri zaman aralarında olmayı o kadar isterdim ki! İşte bizim zenginliğimiz bu ailede bir araya gelmiş ve BİZ olarak yaşıyor. Düşününce içim insan olmanın özünü hissediyor, hayal ederken bile derin bir haz alıyorum.

Başta istememelerine rağmen artık herkes birbirini o kadar seviyor ve birbirine o kadar bağlı ki. On iki senedir inanın birbirini inciten iki kişi yok aramızda! Ben kayınvalidemle alt üst oturuyorum; 12 senedir ikimiz de kiradayız. Bekâr görümcem ve iki kaynım var. Üç kişilik bir ailede yetiştim çok kalabalık bir aileye geldim.
İnanın melek gibi insanlar; bunlar bu satırlara sığmaz. O yüzden ben kültür farkına inanmıyorum; biraz insanın elinde. Allah çok kötülerle karşılaştırmadığı sürece, ki bunun kültürle ilgisi yok, her koşulda uyum sağlamak mümkün. Karşıdakini insan olduğu için sevmek en önemlisi. Bu, işin manevi yanı ki sayfalara sığmaz.

Evet, manevi yaşamın temelinde değerler ve bu değerleri besleyen inançlar vardır. 'Karşıdakinin insan olduğunu bilmek' evrensel bir değerdir ve ayrıştırmaz, birleştirir. Bu değer insan insana ilişki kurmak için bir ortam hazırlar.

Maddiyata gelirsek marka botlar giyip servisli özel okullarda okudum, sonra iki çekyatla kiraya çıkıp aylarca halısız oturdum. Hiç gocunmadım; iki taraftan da yardım istemedik. İstemediler diye en başta benimkilere karşı gurur yapmıştım. Eşimin tarafı da zaten ancak kendilerine yetebiliyordu. Bende olmadığı halde onlara almasını bildim; yemeğimiz senelerce bir oldu ve halen öyle.
Eşim gece gündüz KPSS çalıştı, ben kazanamazken o kazandı; uzağa gider derken evimizin dibine 15 dk. mesafeye memur olarak MEB'e atandı. Her eksiğimiz zamanla tamamlandı. Beş yıldızlı otellere tatile bile gidiyoruz üç senedir. Halı bulamazken koltuklarımıza kadar yenildik, ama en önemlisi sağlık! Birbirimizi yıpratmadık, şükrettik.

Okurum mektubunda önemli bir değerin altını çizmek istiyorum: *Şükretmek. Elinden gelenin en iyisini yapmaya gayret ederken bir yanda da elindekilere ve kazandıklarına şükredebilmek.* Evlenmeden önce sizde ve müstakbel eşinizde şükür duygusunun olup olmadığına bakmak önemli bir bilgelik.

Kavgalarımız olmadı mı? Ooooo! Yer sarsıldı bir iki kere; ama göz göze geldiğimiz an bitti!

Hem yazıyorum, hem de gözlerim nemleniyor. O cümle yok mu, o son cümle; "Ama göz göze geldiğimiz an bitti!" Bir can başka bir cana kıyamıyor. BİZ'den biri acı çekerken öbürü kıyamaz, acısına derman olur.

Aza kanaat ettik, hemen mahkemelerde almadık soluğu. Ben eşimi annem babam her şeyim bildim; hep düşündüm, babam böyle yapsa ne yapardım? Alttan aldım, o da bana, "Sen annem, babam, her şeyimsin!" dedi.

İki çocuk yetiştirmeye çalışıyoruz; hiçbir şeylerini eksik etmemeye çalışıyoruz. Ayağımızı yorganımıza göre uzatıyoruz, ama mutluyuz çok şükür...

Evet karı-koca ilişkisinde yaşanan değerler çok önemli; *huzur, aza kanaat, insana değer vermek, elindekine şükretmek, incitmemek, can değeri bilmek.* Bu değerleri eşinize sonradan öğreterek ilişkinizde kolayca yaşama geçmesini beklemek gerçekçi değildir. Yapmamız gereken, kiminle evleneceğinize karar vermeden önce ilişkide istediğiniz değerlerin farkında olmak ve müstakbel eşinizin aynı değerleri ne kadar paylaştığını öğrenmektir.

YÜZ Baskın CAN Yalnız Olunca

Bir çocuğa bakınca onun çocuk olduğu hemen anlaşılır; ama yetişkin görünümlü birine bakınca onun gerçekten yetişkin biri olup olmadığı hemen anlaşılmaz. Yetişkinlik sadece bedenin gelişmesiyle olmuyor; akıl ve duygu olgunluğu da gerekli. O da yetmez; bu kişinin nerede, kime, ne zaman, nasıl konuşulacağını bilmesini, yani sosyal olgunluğa sahip olmasını da bekleriz. Peki, yetişkin görünen ama yetişkin olmayan, mış gibi yetişkinler evlenince ne olur?

Çalışan bir anne olarak yazıyorum. Otuz yaşını yeni bitirdim; yirmi üç yaşında evlendim, yirmi dört yaşında anne oldum.

Bizim genç kızlığımızda imeceler yapılıyordu; fındık ayıklardık, akşamın bir saati erkekler gelirdi ve birçok kişi o ortamda tanışıp yuva kurdu. Ama gerek TV'de gördüklerimize gerek şehirde yaşayan arkadaşlarımıza özenirdik; onların erkek arkadaşları olurdu, gezerlerdi. Belki çocukluk ama özenirdik.

Bizim de bu tarz konuştuklarımız bayramdan bayrama ve gördüklerimiz fındıktan fındığa olurdu. Arada düğün ekstraları çıkar da sevinirdik.

Biri benden küçük dört erkek kardeşle büyüdüm ben. Pek kızsal duygular barındıracak bir ortam değildi. Erkek arkadaşımla Ericson 1018 ile iletişime başladıktan sonra bizi bir heyecan almış oldu; tabi birçok numara aramalar, gülmeler, eğlenmeler; kız kıza aramızda şakalaşıyorduk, keyifliydi.

Sonra bir abimin merkezde dükkân açmasıyla değişti her şey. Sürekli gelen ve asla tarzım olmayan birinin benimle görüşmek istemesi sonucu, tabi ortak arkadaşlarımızın da baskısıyla –hasta vs dediler– biraz da acımışlığım da olmuştu, konuşmaya başladık. Derken ilk defa karşı cins biriyle buluştum ve ilk buluşmada elimi tutan bu sıpa ister istemez beni heyecanlandırdı.

Evet, farkındasınız, kız ilk defa bir heyecan duydu ve ilişkide onun ötesinde başka da bir şey yoktu! Kız içinde yetiştiği ortamda duygusal-sosyal olgunluğa ulaşma imkânı bulamamıştı; kendini tanıma konusunda eksikliği vardı. Ve ilişkide sadece cinselliğin o itici gücü olunca...

Sonra ne hikmetse hep başkaları girdi aramıza, o ne beni bırakabildi, ne onlardan vazgeçebildi. Ben de bırakamadım ama!

Anlatılanlar, cinselliğin baskın olduğu vurulma, cinsel haz ve arzuların ötesinde başka hiçbir şey düşünememe durumunu ifade ediyor. O nedenle, sevdiğimi sanıyordum, ama aslında 'aklımı başımdan almış' demek, buradaki ilişki geçmişini özetleyebilir. Ve ancak duygusal olgunluğa ulaşamamış insanlar bu tuzağa düşerler. Evet, özetleyecek olursak, ilk defa eli tutulmuş ve cinsel hazzın tadına varmış bir kızla, farklı farklı kızlardan cinsel haz alan bir erkek var öykümüzde.

Zaman geçiyor ve paylaştıklarımız da artıyordu. Artık ait olmaya yakın duygular barındırmaya başlamıştım. Bu tamamıyla yaşam tarzımla alakalıydı aslında; ne vardı ki bir öptüyse! Ama korkmuştum; ya öpmekle bir şey olur diye! O kadar cahildim aslında! Neyse o ısrarcı delirdim halleri, aileme anlatmama sebep oldu ve hemen söz, nişan, düğün derken evlendik.

Hayatı boyunca hiçbir sorumluluk sahibi olmamıştı, çapkın ve doyumsuz da bir yapısı vardı; hani derler ya evlenince geçer diye. Geçmedi! Geçmeyecekti de.

Yine vukuatlarımız oldu tabii! Bu kez başka bir şey daha vardı; artık bir bebeğimiz olacaktı. İstemedi, aldıralım diye aylarca dirense de, kadınlık psikolojisi sanıyorum, sahiplenip her şeyin üstesinden gelebileceğimi ve asla aldırmayacağımı dile getirmiştim.

Değerli okurlarım bu mektubu okurken içiniz sızlıyor mu? Benim sızlıyor. İki mış gibi yetişkin, daha ilk başından akıl, duygu ve değerlerden yoksun bir evlilik kuruyorlar. Bu evlilikte acı, gerginlik, huzursuzluk, mutsuzluk, öfke, hiç eksik olmayacak. Peki bu ortama doğan masum bebeğin hali?

Bebeğim dünyaya geldikten iki ay sonra çok aniden babamı kaybettim; yani dedeye ziyarete gidip güzel zaman geçirirken, aniden dedesiz kaldık. Bir pazar günü eşim, işte olduğunu söyleyip eve geç geldi. Uykusu vardı, hemen yattı. Telefonuna gelen mesajı, maalesef ben açmak zorunda kaldım; "Harika bir gündü, eve gidebildin mi aşkım?"

Bağırmalar, çağırmalar, kıyamet koptu ve kesin karar, boşanacaktım! Gittim anneme, üç ay kaldım. Tabi gelip gitmeleri ve ailemin 'çocuk babasız kalmasın' diye konuşmalarından sonra, döndüm.

Ve bir cehennem hayatı devam edip gidiyor. Çevre boşanmaya olumlu bakmıyor, daha sonra adam felç oluyor ve kadının üstüne kalıyor. Kara bahtım kem talihim sözleriyle mektup bitiyor. Kaderi buymuş, ne yapsın kadıncağız, diyebilirsiniz, ya da benim bu öyküden öğreneceğim neler var, diyebilirsiniz. Değişik yorumlar yapabilirsiniz, ama şu gerçek inkâr edilemez bir şekilde karşınızda durur: Bir insanın kiminle evleneceği, onun yaşamının en önemli kararıdır.

Aşk İçimizde Hep Var!

İlişkinin beklentilerini, değerlerini, kurallarını önceden konuşmak bir fark yaratıyor mu? Aşağıdaki mektubu yazan okurum kendi gibi bilinçli bir eş ile evlilik yolculuğu yapıyor...

2000 yılında tanışıp 2004 yılında evlendik. Evliliğe hazırlandığımız yıllarda yaptığımız konuşmalar hep şöyleydi; iki ayrı cinsiz ve aynı düşünüp davranabilmemiz imkânsız, tartışmalarımız ve kavgalarımız mutlaka olacak.

Ama söz verelim; birbirimize asla saygısızlık etmeyelim ve birbirimizi incitecek dil kullanmayalım. İnsanız, duygularımız var, neşeli olduğumuz kadar bazen depresif de olabiliyoruz, mutlu olduğumuz kadar öfkeli de. Arada durmasını bilelim, birbirimize alan açalım; zor da olsa nefes alıp sakinleşmesini bilelim.

Konumuz her ne olursa olsun nefes almayı başarabildik ve böylelikle evliliğimiz de bizimle aldı o nefesi. Saygı sınırlarımızı aşmadan konuşabildik. İçimize atmadık, kafamızda kendimizce hikâyeler yazıp büyümesine engel olduk, o an konuşup çözümleyebilmeyi başardık ve sonrasında o konuyla tekrardan karşılaşmadık.

Muhteşem bir çift değiliz, herkes gibi sorunlarımız var, herkes gibi şiddetli tartışmalarımız oluyor, ama bizim evliliğimizin birinci kuralı saygı. On yedi senedir beraberiz. Kişisel bakımlarımıza hep dikkat ettik, her hafta belirlediğimiz günde film gecesi yaptık, o güne belli ritüeller ekledik. Örneğin kuruyemişlerimizi, içeceklerimizi, meyvelerimizi yanımıza aldık; belli heyecanlar kattık.

Başka bir güne geleneksel yemek yapıp yemeyi ekledik (bu hafta Antep mutfağı, bu hafta Karadeniz mutfağı gibi).

Beraber iş bölümü yaptık, ben yemeği yaptıysam kocam evi toparladı. Diğer bir güne seks ekledik, ben seksi kıyafetler giyip ağır makyajlar yaptım, bazen eğlendik güldük ama çoğu zaman güzel seviştik...

Bunlar küçük gibi görünse de büyük heyecanlar aslında! Aşk içimizde hep var olan bir duygu. Heyecanla ortaya çıkıyor; heyecanımız kalmadığında yitiriyoruz hayatımızda olan insana karşı aşkı. Sonra başka birilerinde yine o heyecanı arıyoruz, yine bitiyor. Kısır bir döngü, dön dolaş aynı...

Bizi biz yapan özümüzü ve duygularımızı unutup hep hikâyelere, hep acılara tutunarak kurban rolünü seçmek kolayımıza geliyor. Hep birileri bize üzülsün, hep birileri bizim için bir şey yapsın, bizim için uğraşsın, ama biz hiçbir şey yapmadan kendimizden çok herkesi eleştirelim, kendimizden çok herkese yol göstermesini bilelim!

İstersek ve emek verirsek hep âşık kalırız şu hayatta!

Çocuktan hiç söz edilmedi, sanırım henüz çocukları yok. Bazı okurlarım, "Hele bir çocuğunuz olsun, görürüm sizin o sinema gecelerini, o geleneksel mutfak günlerinizi!" diye düşünebilir. Ben öyle düşünmüyorum. Bu bilinci devam ettirirlerse, bu çift iki şeyi başarabilir diye umuyorum:

1. Uygun insanlardan yardım alarak yine baş başa geçirebilecekleri zaman ayarlayabilirler;

2. Bebeği de ilişkilerinin bir zenginliği yaparak daha farklı sohbet ve keşif ortamı sağlayabilirler.

Evlilik, bir çiçekçi dükkânı gibi size farklı olanaklar sunar; çiçeklerden nasıl bir buket oluşturacağınız size kalmış...

Sadece Misafir Gibi

Evlilik berbat bir şey hocam. Bir daha dünyaya gelsem asla evlenmezdim. Kendim öğretmenim, eşim doktor. İki çocuğumuz var. Çocukların tüm sorumluluğu benim üstümde. Eşim çok yoğun çalışıyor. Ben de hayatımdan bezmiş bir durumdayım. Her yere koşmaktan yoruldum. Ölümü özler mi bir insan? Zaman zaman ölümü istediğim oluyor. Üstüne üstelik eşim üçüncü çocuğu istiyor. Çünkü sadece eve geliyor ve uyuyor. Olmaz dediğimde sinirli oluyor. Küçük oğlumu ana sınıfına yetiştirip ancak kendi işime gidebildiğimi söylüyorum. "Bir de bebek olursa hepimiz perişan oluruz, farkında mısın," diyorum. Sadece susuyor. Bu çocuklar bir şey ister mi, ne yer, ne içer, gününü nasıl geçirir, hiçbirinden haberi yok.

Okumuş olmak mutlu bir evliliğin garantisi mi? Biriyle, yüksek eğitimli diye evlilik tercihini yapmak ne kadar doğru? Yukarıdaki mektupta bu soruların cevaplarını alıyorsunuz. Evliliğinden bunalmış bir öğretmen kadının mektubu. Doktor kocası büyük bir olasılıkla, çocukluğunu Korku Kültürü şablonu içinde yaşayan bir ailede geçirmiştir ve o nedenle empati yoksunudur. Kendi annesi ve babası arasında gördüğü BEN ilişkisini kendi evliliğinde aynen tekrar etmektedir. Gözünün önünde yorulan, işkence çeken karısına bu kadar duyarsız olabilmesi, okumuş olmamakla değil empati yokluğuyla açıklanabilir.

Evlendiğime pişmanım hocam. Belki her erkek böyle değildir. Belki çocuklarıyla ilgilenen babalar vardır. Ama bizim babamız sadece misafir gibi. Evliliğin böyle bir şey olduğunu bilseydim evlenmezdim.

Evlilik ilişkinizde yaşatacağınız değerler konusunda evlenmeden önce açık seçik bir fikriniz olmalı! Evleneceğiniz kişinin mühendis, doktor gibi eğitimli ya da varlıklı biri olmasından çok, hangi değerleri yaşadığı ve yaşatacağı önemlidir. Değerleri yaşamak kendiyle ilişkisinde, değerleri yaşatmak da diğerleriyle ilişkisinde insanı dürüst yapar.

Bana Verdiği En Güçlü His Güven ve Sonsuz Sevgi

Belki küçük bir katkısı olur umuduyla kendi mutlu evlilik hikâyemi paylaşmak istedim.

2007 yılında 17 yaşındayken bir üniversite kazanıp İstanbul'a geldim. Üniversite yıllarımı kah garsonluk yaparak, kah anket doldurarak geçirdim. Son sınıfta burs aldığım bir kurumda daha sonra eşim olacak, adına 'Murat' diyeceğim "arkadaşım" ile tanıştım.

'Murat' son derece kısıtlı imkânlarla okumaya çalışan, oldukça başarılı bir öğrenciydi. Tanıştığımız gün "Sanırım sana âşık oldum" demişti de ağzının payını verip kalkmıştım. :)

Zamanla arkadaşlığımız pekişti ve yakınlaştık. O yıllarda bile bana verdiği en güçlü his güven ve sonsuz sevgiydi.

İkisi de bursla okuyan, kısıtlı olanaklar sunan ortamlardan gelmiş, zorluklarla olgunlaşmış, kendilerinin ve değerlerinin farkına varmaya başlamış iki insan. Bana yazan kadın okurum, önce insan insana tanışmaya öncelik verebilecek bir olgunluğa sahip. Bir erkeğin duygusal olgunluğa sahip duyarlı bir kıza "güven ve sonsuz sevgi" hissi vermesi tesadüfen olacak bir şey değildir. İsmini 'Murat' olarak verdiği genç adam, yaşam mücadelesi içinde neye, ne kadar, niçin değer vereceği bilincine ulaşmış, insan olma yolculuğuna çıkmış biri. Ve yolculuk devam ediyor...

Birlikte okulun yemekhanesinde 1 TL'ye tabldot yemek yiyorduk. İstanbul Üniversitesi manzaralı bir kampüs olduğundan 'Murat' her yemeğimizde, "Bak, şimdi burası çok lüks bir restoranmış ve seninle baş başaymışız," derdi. Ben de "Hadi kadehlerimizi tokuşturalım," der, pet bardağı havaya kaldırırdım.

Akbil basmamak için yurda kadar yürürdük, ama her seferinde, "Çok romantikti değil mi?" diye sorardı. Ve evet, kesinlikle çok romantikti.

Mezun olunca ben ortalama bir işe girdim. Oysa hep akademisyen olmayı hayal ederdim. O da KPSS'ye hazırlanıp derece yaparak bir kamu kurumuna müfettiş olarak atandı. Evlenmeye karar verdik.

Gelin görün ki ailelerimiz bizi güç bela okutmuşlardı. Kendi imkânlarımızla harika bir düğünle evlendik. Ama evimizde ne yerde bir halı ne de duvarda perde vardı. Bu konuda kimseye yorum yapma hakkı tanımadık. Zamanla her şeyimizi tamamladık. Salonumuza halı aldığımızda bütün gün mutluluktan yerde oturduğumuzu hatırlıyorum da iyi ki dayalı döşeli bir gelin evine girmemişiz diyorum.

İlk yılın sonunda bana, "Bu iş böyle olmayacak, sen işi bırak eğitimine devam et," dedi. Yarım bıraktığım yüksek lisansa devam ettim. Cebime harçlık koyup beni okuttu. Geç saatlere kadar kütüphanede olduğumdan, o çorba ve makarna yapmış beni bekliyor olurdu. İnanın o makarnanın tadını hiçbir şeye değişmem. Benim ve hayallerim için fedakârlıkta bulunması öyle müthiş bir his ki. Ne zaman bir sınavda başarısız olsam veya bir kadro başvurusunda elensem bana her seferinde "Merak etme, seni amfide ders verirken görür gibi oluyorum," derdi. Şimdi doktoramı yapıyorum. Hâlâ her sınav günü erkenden kalkıp bana yumurta kaynatıyor. Kafam çalışsın diye :)

Şu an içimdeki duygu ne biliyor musunuz, değerli okurlarım; iyi ki bu kitabı yazıyor, böyle güzel insanların mektuplarını sizlerle paylaşabiliyorum. Bir insan evlilikte hayatının en önemli, en güçlü tanığı ile birlikte yaşama olanağı bulur. Evlilik öncesinde, hayatınızın en önemli tanığının kim olacağını seçeceğinizi bilmek, önemli bir olgunluk adımıdır. Bu olgunluğa erişmek sadece bireyin sorumluluğuna bırakılmamalı, çocuğun doğumundan itibaren annesi babası, okulda öğretmenler ve tüm toplumsal kurumlar bu olgunluğun gelişmesinde yardımcı olmalıdır. Okumaya devam edelim...

Malum. Evlendikten sonra balayına gidememiştik. Ama eşim mesleğinden dolayı yaz aylarında sahil kentlerinde denetimde oluyor. Bir keresinde eşlik etmiştim. Sahilde yürürken aniden durdu, "Şimdi burası Roma'ymış" dedi ve ben devam ettim, "On beş dakika sonra Âşıklar Çeşmesi'nde buluşacakmışız." "Anlaştık," dedi.

Ayrılıp, kasabanın meydanındaki çeşmede buluşup Roma dondurması yedik (aslında Maraş) :) İtalyanca bir şiir okumaya çalışıyordu :) Bütün gün birbirimize sinyor-sinyorita diye hitap ettik ve ben o dondurmanın tadını Roma'da bulamayacağıma eminim.

Bir gün hasta olmuştum ama feci hasta. 'Murat' sabaha kadar uyumayıp ateşimi ölçtü. Sabaha karşı kulağıma eğilip, "Şimdi ben bir prensmişim, seni öpüp iyileştirecekmişim, ta-

mam mı?" dedi ve öptü. İnanın iliklerime kadar şifa hissettim. Sabah uyandığımda gerçekten iyileştiğime ve başımda kartondan yapılmış bir taç olduğuna hâlâ inanamıyorum, ama o şifanın hiçbir antibiyotikte olmadığını biliyorum.
"Hiç kavga etmiyor musunuz?" diye sorabilirsiniz. Elbette ediyoruz, ama bir kere bile ona sesimi yükseltmedim. Çünkü ne olursa olsun aslında ikimiz için en iyisini istediğimizi biliyoruz.

Özür dileyerek mektubun burasında araya giriyorum. Oluşturdukları BİZ'i görebiliyorsunuz değil mi? *"Ne olursa olsun, aslında ikimiz için en iyisini istediğimizi biliyoruz."* BİZ temelinde yapılan tartışmalar, çatışmalar BİZ'i daha da güçlendirerek, eşleri birbirine yakınlaştırarak sonlanır. Okumaya devam edelim...

İkimizden biri sinirliyken diğerinin alttan alması gerektiğini çoktan öğrendik. Tartışmalarımızda birbirimizi sonuna kadar sabırla dinleyip yine de anlaşamadığımız oluyor. Bir keresinde ayarı biraz fazla kaçırıp küstük. Ama canım o kadar sıkıldı ki. Onu çok özledim, dayanamayıp yanına gittim. "Yaa ben çok sıkıldım; şimdi küslüğe ara verip yarın devam edelim mi?" diye sordum. "Tamam! Zaten ben de patladım sıkıntıdan!" dedi. Öbür gün kaldığımız yerden küsmeye devam ettik. Çok komikti.

Bunun gibi bir sürü muhteşem anı sıralayabilirim ve şunu söyleyebilirim ki kendimi gerçekten her gün lüks bir restoranda yemek yemiş, balayına Roma'ya gitmiş kadar mutlu hissediyorum. Ben sadece evlilik değil, bir ilişki kararı verirken bile duygularımdan ve karşımdakinden emin olmaya çok özen gösterdim. Neredeyse çocuk yaşımızda bile bizi sağlam tutan şey birbirimize olan duygusal, fiziksel saygımız ve her şartta birbirimizi mutlu etmeye çalışmamızdı.

Evet, farkına varıyorsunuz değil mi? İlişkiye girerken dikkat edilmesi gereken bir konu; "Bu kişi saygı duyulacak biri mi ve benim iyi niyetime değer mi?"

Hiçbir hayalimizi küçümsemedik. İkimiz de mış gibi yaptığımız hiçbir oyunu bozmadık. Birlikte emek vererek bir şeyler yapmak, geriye dönüp baktığımızda, manevi dünyamızı inşa eden çok önemli kazanımlar. Sanırım eskilerin yokluktan var ettikleri yuvaların kıymetli olmasının sebebi bu.

Günümüzde insanın memnuniyetsizliği duygusal ilişkilere de yansıyor. Her şeyin mükemmel, eksiksiz olmasını beklemek büyük haksızlık. Eğitimli insanların bile yaşım geldi, evde kaldım diye evlenmeye azmetmelerini anlayamıyorum. Harçlığını idare edemeyen, sorunlar karşısında çözümsüz, iletişim kurmaktan aciz, sokaktaki hayvana, şoföre, garsona hatta ailesine bile saygı ve merhamet duymayan tahammülsüz bir insanla mutluluk hayali kurmak ve "Evlendikten sona değiştin!" demek nasıl bir cehalettir.

Evlilik denemesi bedava bir şey olamayacak kadar özel ve güzel bir şey. Ama karı-koca olmadan önce insan olmayı, sevmeyi öğrenmek birinci şartımız olmak kaydıyla.

Bu mektupla bu bölümü sonlandırmak istiyorum. Bu okurum, söylenecekleri benden daha güzel söylemiş. Kendisine ve bana mektup yazan tüm okurlarıma kendim ve bu kitabın okurları adına teşekkür ediyorum. Önemli bir sosyal laboratuvarı bu kitaba sığdırdılar.

Sözün Kısası

*Sevgi öyle bir dil ki,
onu sağırlar duyar,
körler görür.*

Salih Temizyürek

Karı-kocanın BİZ olabilmesinin temelinde paylaştıkları değerler vardır. O nedenle evleneceğiniz kişinin değerlerini keşfetmeye yönelik evlilik öncesi konuşmalar, sohbetler önemlidir. Evlilik hayatınızı değerler yönetmiyorsa, büyük bir olasılıkla, siz farkında bile olmadan Denetim Odaklı Korku Kültürü'nün BEN şablonu yönetmektedir.

Müstakbel eşinizle paylaştığınız değerlerin farkında olmak önceliğiniz olmalıdır. Birlikte birbirinizi yaşamak için evleniyorsunuz ve bu evlilikte siz kendiniz olarak var olmayı ve eşinizin de kendisi olarak var olmasını, yani BİZ olmayı önemsiyorsanız, değerlerinizin uyum içinde olması gerekir.

Müstakbel eşinizle aşağıdaki dört konuyu konuşun ve açıklığa kavuşturun:

1. *Kaygılarınız:* Gelecekle ilgili kaygılarınızı neler? Bir liste oluşturun. Bunlar maddi kaygılar veya yakın aileyle ilişkinizden kaynaklanan kaygılar olabilir. Kaygınızın altında yatan sorunları çözmek için birlikte dikkatle seçeceğiniz başka insanlardan da akıl alabilirsiniz.

2. *Beklentileriniz:* Evlilikte kendinizden ve birbirinizden beklentilerinizin farkında mısınız? Bu beklentiler, Denetim Odaklı Korku Kültürü'nün önemli gördüğü sosyal rollerden gelen YÜZ beklentileri mi, yoksa birbirini seven iki insanın hayatı paylaşma kararından kaynaklı CAN beklentileri mi?

3. *Değerleriniz:* Evlilik ilişkisinde aranızda yaşatmak istediğiniz değerlerin ne olduğu üzerinde düşündünüz mü? Sizin değerleriniz gibi müstakbel eşinizin de içinde taşıdığı ve inandığı hem YÜZ hem de CAN değerleri vardır. Sağlıklı bir evlilik ilişkisinde eşler birbirlerinin değerlerini yaşar ve yaşatırlar.

4. *Kurallarınız:* Evliliğinizde bu değerleri koruyacak ve korunduğunu gözlemleme fırsatı yaşatacak kurallarınız neler? Kurallar BİZ'i korumak ve güçlendirmek için olmalıdır, birinin diğerini ezmesi için değil.

'Sevmek' ve 'kıskanmak' ayrı kavramlardır; Denetim Odaklı Korku Kültürü içinde özgüveni eksik biri eşini kıskanmayı sevgi olarak yorumlayabilir ve bu tür bir yorum evliliği cehennem hayatına çevirmeye yeter. Sevmek yüce bir değerdir ve seven kişi sevdiği kişinin gelişmesi ve mutlu olması için hiçbir karşılık beklemeden emek ve zaman verir. Can cana evlilikte güven vardır ve kıskançlık sarmaşığı, kökleri beslenmediği için güçlenip gelişemez.

İlişki, empati değerinin, yani diğerinin gözüyle görmenin, hayata girmesiyle birlikte bir dönüşüm yaşar. Bunun farkına varmak ve farkına vardıktan sonra empati değerini ilişkide canlı tutmak önemli bir hayat başarısıdır.

Huzur, aza kanaat, sağlık, insana verilen değer ve şükür duygusu bir ilişkide yaşarsa o evlilikte eşler mutlu ve güven içindedir. Bu değerleri özümseyip farkındalıklar olarak ilişkide yaşatmak önemli bir başarıdır.

Bir çocuğa bakınca onun çocuk olduğu hemen anlaşılır; ama yetişkin görünümlü birine bakınca onun gerçekten yetişkin biri olduğu hemen anlaşılmaz. Yetişkinlik sadece bedenin gelişmesiyle olmuyor; akıl ve duygu olgunluğu da gerekli. O da yetmez, bu kişinin nerede, kime, ne zaman, nasıl konuşulacağını bilmesini, yani sosyal olgunluğa sahip olmasını da bekleriz.

Yetişkin görünen ama yetişkin olmayan, 'mış gibi yetişkinler' evlenince o evlilik birbiri ardına gelen sorunların altında eziliyor, soluk alamıyor. Bu ortama doğan masum bebekler, geleceğin sorunlu insanları olmaya aday olarak büyüyorlar.

Bir insanın kiminle evleneceği, onun yaşamının en önemli kararıdır. Evleneceğiniz kişinin mühendis, doktor, varlıklı olmasından çok, hangi değerleri yaşadığı ve yaşatacağı önemlidir. BİZ değerlerinin yaşamadığı bir evliliğin mutlu bir evlilik olması mümkün değildir.

Kızım Sana Söylüyorum...

*Sevmek, nefret etmekten
daha çok cesaret gerektirir.*

Lou Marinoff

Evlenecek kişilerin anne ve babalarına, yakınlarına da söylemek istediklerim var. Evlenen gençlerin mutlu olmalarını gerçekten, yürekten istiyor musunuz? Sizin kalpten desteğinizi hissetmeden yeni evlenenlerin kendilerine yetmeleri zordur. Anne-baba olarak, çocuklarınızı kendi ayakları üzerinde durabilecek, kendi sorumluluklarını taşıyabilecek yetişkinler olarak görmek istiyor musunuz? Yoksa hayat boyu size bağımlı insanlar mı yetiştirmek istiyorsunuz?

Çocuk doğduğu andan itibaren içinde yaşadığı aile onu hayata hazırlamaya başlar; bazı aileler bunu bilinçli, bazı aileler bilinçsiz yapar.

Çocuğun içinde yetiştiği aile ortamında hayatta kalmak ile yaşamak arasında bir fark var mı? Ailede böyle bir ayırım yapılmamış ise, çocuk bir kültür robotu olarak, anası babası gibi yetişir. Ama yaşamak, hem de yaşamında kendisi olarak var olarak yaşamak önemli ise, çocuk çok erken yaşta şunun farkına varacak şekilde yetişir: Anlamlı bir hayat yaşamak bir ekip işidir ve ekibinin kimlerden oluştuğu çok önemlidir. Böyle yetişmiş biri evlendiği kişinin en önemli ekip arkadaşı olduğunun bilincindedir. Evlenirken anlamlı, coşkulu ve güçlü bir yaşam için hayatının en önemli ekip arkadaşını seçtiğinin farkındadır. Bu ekibin dağılmaması için ekibe giren insanların olgun insan olmasına, özellikle de iletişim bilinci olgunluğuna sahip olmasına dikkat eder.

Çocukların olgun yetişkinlere evrilmesi için anne-baba nelerin farkında olmalı?

Anne-baba çocuğunun bir birey olarak kendi yaşamında kendisi olarak var olmasını istemeli, buna değer verip teşvik etmeli. "Benim çocuğumun sadece hayatta kalmayı becermesi yetmez; anlamlı, coşkulu ve güçlü bir yaşamı inşa etmeyi de bilmeli," diyebilmeli. Ömür boyu kendine bağımlı evlatlar yetiştirmeyi istemek olgun anne-babaların dileği olamaz.

Lise son sınıf öğrencisiydim, 5 yaşlarında yakınım olan bir oğlan çocuğunu parka gezmeye götürecektim. Annesi oğlanı giydirip, saçlarını tarayıp ayakkabısının bağladıktan sonra bana baktı ve, "İşte böyle anneler, bakar, giydirir, büyütür; sonra elin kızını alırlar, annelerini unuturlar," dedi.

Oğlan çocuğu, annesinin dediğini duyunca, "Ben unutmam anne!" dedi.

Annenin gözleri ışıldadı; attığı zehirli okun hedefe ulaştığını gören avcının aldığı bir hazla, "Unutursun yavrum, sen de unutursun," dedi.

Çocuk ağlamaklı, "Ben unutmam anne!" dedi.

"Unutursun yavrum, el kızı sana unutturur!" diye, anne ısrarla söylediğinin altını çizdi.

Çocuk ağlamaya başladı; elinden tuttum parka giderken bir süre ağladı.

Böyle bir anneye sahip olan erkek, karısının kocası ve çocuklarının babası olmakta zorlanacaktır. Daha da ötesi, bir insan olarak annesinin oğlu olmaktan kurtulup özgür bir insan olmakta zorlanacaktır. Çocuk yetiştirirken çocuğunun gelecekte bir yetişkin olacağını ve olgun, yetişkin bir insan olarak bir eş seçeceğini ve seçtiği bu eşin onun hayatının en önemli tanığı olacağını unutmayan anne-babaları alkışlamak gerekir. Eş seçimi bir insanın yaşamında yaptığı en önemli seçimdir; bunun bilincinde olan anne ve babaları daha barışçıl bir dünyanın mimarları olarak görüyorum.(*)

Denetim Odaklı Korku Kültürü içinde büyümüşseniz, ailenin bir mafya gibi işlediğini bilirsiniz. En tepede herkesin korkması, çekinmesi, itaat etmesi gereken bir otorite vardır. Bu otorite bazı ailelerde dede, büyük anne, ama çoğunlukla babadır. Otorite sorgulanamaz; isteklerine koşulsuz itaat edilmesi gerekir. Otorite boşluğu oluştuğu zaman karmaşa başlar ve sözü dinlenecek güçlü biri ailenin başına geçinceye kadar karmaşa devam eder. Korku Kültürü ailesinde insanlar gücü kadar hesaba alınır. Çocuk, yaşamın amacının güç kazanmak olduğunu erken yaşta öğrenir. Adam yerine konmak, insan olarak hesaba alınmak için güç sahibi olmak gerekir. İnsan olmanın değil; güçlü olmanın anlamı vardır.

Korku Kültürü içinde oluşmuş ailede çocuğun ve kadının gücü yoktur. Doğurduğu çocuk erkek ise kadın güç kazanır, kız ise hesaba alınmaz. Ve bir gün gelir bu erkek çocuk büyür ve evlenir. İşte erkek anasının ömür boyu beklediği güçlü olma, adam yerine konma, sözü dinlenme zamanı gelmiştir. Kaynana gelin ilişkisinde kaynana güçlüdür ve sözü tartışmasız, itirazsız dinlenmelidir. Kaynana ile gelinler arasında süregiden çatışmanın temelinde bu güç mücadelesi yatar.

Gelişim Odaklı Değerler Kültürü içinde aile adil bir ortamdır ve böyle bir ailede büyümüşseniz, insanın insan olduğu

---

(*) *Geliştiren Anne-Baba* Gelişim Odaklı Değerler Kültürü içinde çocuk yetiştirme konusunu ayrıntılı irdelemektedir.

için değerli olduğunu bilirsiniz. Bu adil ortam 'saygı', 'sevgi', 'halden anlama', 'dürüstlük', 'sorumluluk' ve 'işbirliği' gibi BİZ bilincini geliştirici değerler üzerine kurulmuştur. Ailedeki büyükler güçlerini bu değerleri yaşatmak sorumluluğundan alırlar. Değerlere uymayan otorite sorgulanır ve denetlenir. Bu değerleri yaşamak ve yaşatmak herkesin sorumluluğudur. Gücü ne olursa olsun, insan olmak bir değerdir. Kız ya da erkek olsun, doğuştan her insan değerlidir. 'Ben bilirim' yerine 'BİZ biliriz' anlayışı yaygındır.

Değerler Kültürü içinde oluşmuş bir aile içinde çocuğun ve kadının insan olarak, herkes gibi gücü vardır. Kadın ister kız, ister erkek doğursun, anne olarak ekibin saygın bir üyesidir. Ve bir gün gelir kız ya da erkek çocuklar büyür ve evlenir. Yeni evliler de, yetiştikleri ailelerde gördükleri değerler çerçevesinde BİZ'in bir parçası olurlar. Ezme ezilme değil, yardımlaşma ve adil paylaşım vardır.

Olgun anne-baba çocuğunun iletişim olgunluğu kazanmasına önem verir. Çocuk, onlarla kurduğu sohbet aracılığıyla, kendisinin ne söylemek istediğini keşfetmesinin önemli olduğunu anlar. Sadece bu yetmez; söylediğinin karşıdaki tarafından nasıl anlaşıldığını da önemsemesi gerekir. Yani, ağzından çıkan lafı kulağının duyması önemlidir. Tabii her konu her ortamda her insanla konuşulmaz. Kiminle neyi, nerede, ne zaman, niçin ve ne kadar süre konuşacağını da öğrenmelidir.

Evet, çocuk doğduğu andan itibaren içinde yaşadığı aile onu hayata hazırlamaya başlar. Bazı aileler onu sadece hayatta kalmaya, bazıları da gönlünce yaşamaya hazırlar.

Anlamlı, coşkulu ve güçlü bir yaşam bir ekip işidir ve kişinin evlendiği kişi onun yaşam ekibinin en önemli üyesidir.

Bitirirken

*Sevdiğinin yüreğine
âşık olanın
sevdası yaşlanmaz.*

Fatih Durmuş

İnsanlar, insan olarak var oldukça evlilik var olacaktır. Ve yine insanlar, evlilik sayesinde gelişecek ve daha insanlaşacaklardır. Bu ifade benim uydurduğum bir kehanet değil, dört bilim insanının romantik aşk ve eş-bulma üstüne yapılan tüm araştırmaları gözden geçirdikten sonra vardıkları sonucu dile getiriyor. Bu bilim insanları birbirine bağlı üç önermeyi şimdiye kadar yapılan araştırmalar ışığında değerlendiriyorlar.[6]

Birinci önerme: Romantik aşk insanları eşini-bulmaya *(pair-bonding)* götüren bir işleve sahiptir.

İkinci önerme: Romantik aşk insanın kendine özgü hayat hikâyesi içinde eşiyle buluşmasını sağlayarak çocuk yetiştirme için gerekli zaman ve emek yatırımına zemin oluşturur.

Üçüncü önerme: Çocuk yetiştirmeye uygun uzun vadeli eş ilişkisi (aileleriyle birlikte) sosyal zekânın ve işbirliği becerilerinin evrilmesine yol açmıştır.

Dünyanın her yerinde farklı kültür, ırk, din, dil gruplarında yapılan çalışmaları inceleyen bilim insanları, bir eş bulanların daha uzun ve daha sağlıklı yaşadıklarını gözlemlemişlerdir. Mahrem ilişki kurmaya duyulan güçlü ihtiyaç uzun vadede diğer evlilik dışı ilişki türlerini devreden çıkarmakta ve evlilik ilişkisini düzene sokmaktadır. Gözden geçirdikleri bütün araştırmaların ışığında, bilim insanları şu sonuca varmışlardır; kadın erkek arasındaki romantik aşk, insanlığın gelişimi için önemlidir.

Bitirirken birkaç öneride bulunmak istiyorum. Anne-babalar olarak okul ve meslek başarısını çok önemsiyoruz. Bu konudaki kaygılar anaokuluna kadar inmiş durumda. Çocuklarımızın hangi okullardan mezun olup hangi mesleklere gireceği anne-babaların üzerinde titizlikle ve dikkatle durduğu bir konu. Ne var ki, evlilik ve aile başarısı için aynı titizlik gösterilmiyor. Bu konuda toplum bilinçli ve sistematik hiçbir program geliştirmiş değil. Evlilik ve aile başarısı gelenekler, din kültürü ve tesadüflere bırakılmış durumda.

Önem verdiğim bir önerim var:

Evlilik öncesi toplumsal bilinçlenme için Aile ve Sosyal Politikalar Bakanlığı, Milli Eğitim Bakanlığı, Yüksek Öğretim Kurumu, Sağlık Bakanlığı, Adalet Bakanlığı ve Belediyeler uzun soluklu bir çalışma için bir araya gelmeli ve kendi uzman kadrolarıyla yaptıkları araştırma ve gözlemler sonunda okullarda, üniversitelerde uygun dersler ve belediyeler aracılığıyla halka açık kurslar başlatmalıdırlar. Böyle bir çalışma için yapılacak araştırmalarda halkın nabzı tutulmalı, boşanma istatistikleri incelenerek sorunların temelindeki parametreler belirlenmelidir. Toplumun gelenekleri, görenekleri ve temel değerleri gözetilerek geliştirilen böyle bilimsel bir projenin halkın büyük desteğini alacağını umuyorum.

Bitirirken çağrım öğretmenlerimize:

Değerli öğretmenler, zamanınızın ne kadar kısıtlı ve enerjinizin ne kadar değerli olduğunun farkındayım. Yine de bir çağrıda bulunmak istiyorum. Lise ve üniversitede çocuğu olan velilerinizle "Evlilik Öncesi Bilinçlenme Sohbetleri" oluşturun. Bu grup sohbetlerinde elinizdeki bu kitabı birlikte okuyarak üzerinde konuşabilirsiniz. (Böyle bir girişime girmek isterseniz bana iletişim@dogancuceloglu.net adresinden yazabilirsiniz.)

Bu kitabın oluşum aşamasından basımına kadar bana yardım eden iki genç asistanım oldu: Emre Pekçetinkaya ve Gizem Çil. Kendileriyle birlikte araştırmalar, okumalar ve uzun tartışmalar yaptık. Bu süreç içinde kendi görüşlerinde değişimler olduğunu söylediler. Bu değişimlerin neler olduğunu ekte, kendi kalemlerinden okuyacaksınız.

Sevgiyi Hakkıyla Yaşayıp, Yaşatmak
Emre Pekçetinkaya'nın Değerlendirmesi

Birbirini çok seven, bir arada olmaktan keyif alan iki insan; evlendiklerinde neden mutsuz olsunlar ki!?

Bu kitap üzerine çalışmaya başlamadan önce, evliliğin mücadele gerektiren zorlu bir yolculuk olduğuyla ilgili söylenenleri duyduğumda aklıma hep yukarıdaki soru geliyordu. Madem iki kişi birbirini seviyordu, o halde sevgileri ya sorunların doğmasını engeller ya da onları bir şekilde çözerdi.

Önümdeki ilk rol model, yani anne-babamın evliliği, görücü usulü gerçekleşmişti. Birbirlerini detaylıca tanıma fırsatları olmamış, kısa zamanda evlendirilmişlerdi. Bu sebeple aralarında oluşan sorunları çoğunlukla görücü usulü evlenmiş olmalarına bağlardım. Eğer birbirlerini en baştan yeterince tanımış ve sevmiş olsalardı o sorunların oluşmayacağını düşünürdüm.

Bu kitap üzerine çalışırken binlerce mektubu, yüzlerce kitabı ve diğer pek çok kaynağı gözden geçirdik. Süreç içerisinde anladım ki, evlilik hangi yolla yapılırsa yapılsın, iki kişi arasındaki sevginin doğmasını sağlayan ve sonrasında da o sevgiyi besleyip canlı tutan birçok unsur var. Birine karşı hissettiğim sevginin nedenlerini görebilmenin ve onu insan olmanın onuruna yakışır şekilde sevebilmenin önemini fark ettim.

Evlilik yolculuğuna başlarken biricik sermayeniz olan sevgi, küçülüp yok olabilecek ya da büyüyüp gelişebilecek bir şey. Evet, o hem çok kudretli hem de bir o kadar zarif ve kırılgan. Kurduğunuz ilişkiler ve üstlendiğiniz rollerin farkında olarak onu hakkıyla yaşamanız, yaşatmanız gerekiyor...

Bu çalışmada yer aldığım için mutluyum.

Farklı Pencerelerden Bakmayı Öğrenmek
Gizem Çil'in Değerlendirmesi

Kitabı hazırlama sürecine başlamadan önce, 25 yaşında genç bir kız olarak benim için evlilik birbirini çok seven iki insanın hayatını birleştirmesi anlamını taşıyordu. Giderek artan boşanmaların, mutsuz evliliklerin, çekilen acıların elbette farkındaydım. Ancak konu kendi hayatım olunca evlilikle ilgili düşüncem, romantik film ve dizilerdeki "sevgi bütün sorunların üstesinden gelir" algısına bütünüyle olmasa da, çoğunlukla katılmaktan ibaretti.

"İki gönül bir olursa samanlık seyran olur," diyor ve hatta evlilik kurumunu bile sorguluyordum. Evlilikte atılan imzanın sadece bir 'sözleşme'yi temsil ettiğini düşünüyordum. Sevdiğim, tanıdığım ve anlaştığım kişiyle aramıza böylesine bir sözleşmeyi sokmadan aynı evi paylaşma fikri bana çok daha cazip geliyordu. Dolayısıyla, o imzayı atmamak konusunda kendi içimde güçlü bir direncim vardı. Ancak süreç ilerledikçe, ilişki içerisinde olacağım kişiyi ve ailesini hesaba katmadığım gibi içinde yetiştiğim toplumu da es geçtiğimi fark ettim. Tüm bunlarla birlikte, atılan imzanın basit bir sözleşmenin ötesinde bir değer taşıdığını gördüm. Bir nevi güven, bağlılık, tanıklık anlaşmasıydı bu. Ömür boyu birbirine tanıklık yapmak için söz verme durumu. Karşındakine "Evet sen o kişisin," diyordum attığım o imza ile.

İşin ilginç yanı ise şuydu; evlenmek istemiyordum, ama düğün istiyordum. O kutlama, herkesin ilgisinin bende olması, eğlenme ve o beyaz elbiseyi giyme... Sözleşme olarak gördüğüm o imza atma merasimine bu kadar karşıyken, çoğunlukla 'Yüz' değerlerini taşıyan düğün olgusuna bir o kadar sıcak bakıyor olmamın, sıkıntılı bir durum yarattığını süreç içerisinde farkına vardım. Evet, tabi ki hayatımı birleştireceğim insanla, hayatımı birleştirdiğim günü doyasıya kutlamak isterim. Ama bunun için abartılı bir düğüne, pahalı hediyelere ve altından kalkılamayacak yüklere gerek yok. Eğer, 'O' beni bulmuş, ben de 'O'nu bulmuşsam ve biz hayatımız boyunca birbirimizin en önemli tanığı olmaya kalpten söz vereceksek, "Yer, zaman fark etmez, o an birbirimizin gözlerinin içine bakalım yeter," diyebilme aşamasına geldim.

Evlenmeyi düşündüğüm kişinin ailesiyle olacak ilişkim konusunda da farklı bir boyuta geldiğimi düşünüyorum. Her zaman için evlenmeden önce aileyi tanıma taraftarı olsam da, benim tanımak isteme sebebim müstakbel eşimin nasıl bir ailede yetiştiğini anlayabilmekti. Bu durum, bana ikimiz aynı eve girince onun nasıl biri olabileceği hakkında ipucu verecekti. Yoksa açıkçası, karşımdaki kişinin ailesine, yeni kuracağım aile hakkında çok da söz hakkı vermeyi düşünmüyordum. Bunun biraz bencilce, konuşulmadan karar verilmiş, tek taraflı bir düşünce olduğunun farkındayım. İşte tam da bu noktada, süreç içerisinde gelişim fırsatı yakaladım. Ben kendi ailemden vazgeçemezdim, o da kendi ailesinden vazgeçemezdi. Birbirimizden bu kadar keskin taleplerde bulunmaya hakkımız yoktu. Üstelik onların desteğine, varlıklarına ihtiyacımız da olacaktı. Yapabileceğimiz şey ise, ortak sınırlarımızı belirlemek ve artık birbirimizin en önemli tanıkları olduğumuzun farkına varmaktı.

Son olarak, 'cinsellik' konusuna bakış açım bütünüyle değişti. Yirmi beş yaşında genç bir kız olarak, evlilik öncesi cinsel ilişkilerin olabileceğine ve cinselliğin çoğunlukla biyolojik faktörlerden doğduğuna inanıyordum. Evlilik öncesi cinsel ilişkinin olabileceğini hâlâ düşünsem de, artık cinsel deneyimin çoğunlukla biyolojik faktörlerden doğduğuna inanmıyorum. Tam tersine, bu süreçte tanıştığım 'Aşkınlık' kavramı ile doğrudan alakası olduğunu biliyorum. Cinselliği yaşadığım kişiye bedenen ve ruhen tüm kırılganlığımla yaklaştığıma, o aşamadan sonra beni en iyi hissettirebilecek ya da en acı şekilde kırabilecek insanın o olmasına olanak sağladığıma inanıyorum. Cinselliğin biyolojik boyutunu inkâr etmemekle birlikte, aşkınlık yönü hesaba katılmadan yaşanmış bir cinselliğin insana verebileceği zararların farkına vardığım için mutluyum.

Süreç içerisinde okuduklarımızla, konuştuklarımızla, tartıştıklarımızla geliştiğim, farklı pencerelerden bakmayı öğrendiğim, olgunlaşmaya yaklaştığımı hissettiğim birçok alan oldu. Yukarıda değindiğim noktalar, benim süreç öncesinde var olan kırmızı çizgilerimin süreç sonrasında nasıl yumuşadığına işaret ediyor. Ama tüm bunların ötesinde belki de öğrendiğim en önemli şey, evlilik öncesinde kişinin öncelikle kendisini ve sonrasında karşısındakini derinlemesine tanımasının evliliğin gidişatını nasıl değiştirdiğidir.

Bu ekibin içerisinde yer alarak, böyle bir çalışmanın içinde büyüdüğümü hissetmekten dolayı büyük bir mutluluk duyuyorum.

Teşekkür

Bu kitabın oluşmasında, yazılmasında ve son şeklini almasında birçok insanın emeği var.

Öncelikle, yerli ve yabancı yüzlerce araştırmacının, düşünürün, yazarın eserlerinden yararlandım. Kaynaklar kısmında eserlerine yer verdiğim araştırıcı ve yazarlara teşekkür duygusu içindeyim.

Kitabın oluşması aylar aldı ve birçok kişinin emeği geçti. Emeği geçenlerden ikisinin, değerli yardımcılarım Emre Pekçetinkaya ve Gizem Çil'in, kaynakların temininde, yüzlerce okur mektubunun gözden geçirilip değerlendirilmesinde, kitapta yer alan fikirlerin ifadesinde önemli katkıları oldu. Onlara özel bir teşekkürüm var; altını çizerek teşekkür ediyorum.

Yeğenim Muhammed Mustafa Şahin görevi nedeniyle bulunduğu Afrika'dan gelip İstanbul'da bulunduğu zamanlarda kitap tartışma toplantılarımıza katıldı ve kendine özgü bilgi birikimiyle katkıda bulundu! Özel bir teşekkürü hak ediyor.

Kitabın kavramları üstüne zaman zaman sohbet ettiğim dostlar var: İhsan Özen, Nurdoğan Arkış, Polat Doğru, Yavuz Durmuş, Özgür Bolat, Nevzat Battal, Dilek Yaz. Bu listeye eşim Yıldız, kızlarım Ayşen, Elif ve Umay'ı ve Elif'in eşi Matt Beall'i de katmak isterim. Hepsine katkıları için teşekkür ediyorum.

Ayrıca beni sosyal medyadan takip edip öykülerini paylaşan değerli okurlarıma özel bir teşekkürüm var. Onların paylaşımlarıyla kavramlar ete kemiğe büründü ve somut yaşam öykülerine dönüştü. Bu kitap onların katkılarıyla daha canlı ve anlamlı hale geldi. İster alıntı yapmış olayım ister olmayayım, mektup yazan herkese bu kitaptan bir adet isimlerine imzalı göndereceğim. Kendimi onlarla aynı ekipte, aynı amaca hizmet eden biri olarak görüyorum.

Gümüldür'de Ege Denizi'nin kıyısında bana evlerini açan değerli insanlar Tülin ve Adil Hacıevliyagil'e özel bir teşekkür borcum var. Bu kitap yazlık evlerinde yazdığım üçüncü kitabım; umarım daha nice kitaplarda kendilerine teşekkür etme olanağı bulurum.

Değerli sekreterim Berna Azamak müsveddelerin tekrar tekrar yazılmasında güler yüzüyle destek verdi. İrem Ekinci gönderdiğimiz ses kayıtlarını Ankara'da yazıya döktü ve fırsat buldukça yazıya döktüğü içerikle ilgili düşüncelerini paylaştı. Her ikisine de teşekkür ediyorum.

Remzi Kitabevi'ndeki dostların önemli katkıları oldu. Ömer Erduran'la zaman zaman kurduğum sohbetlerin, kendisinin ve Erol Erduran'ın editörlük dokunuşlarının yeri doldurulamaz. Fevzi Kılınçarslan, Öner Ciravoğlu'na destekleri, Hatice Taş'a sayfa düzeninde titizliği, Nesrin Arslan ile Emrah Apaydın'a basıma hazırlık aşamasında yardımları için teşekkür borçluyum.

Kavramlar Sözlüğü

Anlam Verme Sistemi
Olaylara, olgulara, şeylere ve ilişkilere anlam verirken farkında olunmadan kullanılan ve toplumca paylaşılan kavramlar ve duygular sistemi. Bireylerin anlam verme sisteminin ortak noktaları toplumun kültürünü yansıtır.

Aşkın insan
İnsanın biyolojik, psikolojik ve sosyoekonomik varlığının ötesinde evrenin içinde anlam arayışı olan manevi bir varlık olarak tanımı.

BEN bilinci
İlişkilerde kendini öne çıkaran ve diğerlerinin kendine hizmet için var olduğunu varsayan bilinç.

Biyolojik insan
İnsanın karmaşık bir biyolojik varlık olarak tanımı.

BİZ bilinci
Yaşamın bir ekip işi olduğunu kabullenerek kendini yaşam ekibinin bir üyesi olarak tanımlayan ve ilişkisinde hakkaniyet, işbirliği, empati, sevgi ve saygı değerlerini yaşatan bilinç.

CAN
İnsanı insan olma özüyle tanımlayan kimlik.

CAN baskın ilişki
İnsanı, sosyal kimliklerinin ötesinde insan olma özüyle gören bir bilinçle kurulan can cana ilişki.

Değer
İnsanların sosyal ilişkilerinde değer, ekonomide kullanılan 'değer' kavramından farklıdır. Ekonomide 'değer' bir şeyin piyasadaki ederini belirtir. İnsanın sosyal ilişkilerinde 'değer' kişilerin karar verirken tercihlerinin ve önceliklerinin altında yatan inançları ifade eder. Bir insanın hayatında 'dürüst olmak' bir değer ise, maddi çıkarı farklı bir seçenekte olsa bile, kendisine saygısını kaybetmemeyi önemser ve 'dürüst olmayı' seçer.

Denetim Odaklı Korku Kültürü
İnsan ilişkilerini, bireyin davranışını korkuyla denetleyen bir anlam verme sistemi içinde değerlendiren kültür.

Duygularının farkında olmak
Şimdi-burada yaşamı algılayıp deneyimlerken duygu ve heyecanlarının farkında olmak.

Empati - halden anlamak
İlişkide o an içinde bulunulan durumu ve mesajları karşıdakinin gözüyle görüp, anlayıp değerlendirerek iletişim kurmak.

Etki alanı
Bireyin bir konuda istediği sonuca ulaşabilmek için, etkileme gücüne sahip olduğu unsurların tümü. Yağmurda ıslanmamak için yağmur yağmasını engelleyemezsiniz, ama yanınıza şemsiye alabilirsiniz.

Evlenme olgunluğu
Bireyin, kendisi, evlenmeyi düşündüğü kişi ve evliliğin içinde yer alacağı sosyal ortam hakkında farkındalık geliştirmesi. Evlenme olgunluğuna gelmiş kişi, evleneceği insanda da aynı vasfı arar.

Evliliğin öğrencisi olmak
Kendi beklentileri içinde evlilik yaşamını yönetmek yerine keşfetme merakı içinde evlendiği kişiyle BİZ olmayı başarmak.

Geleceğini inşa etmek
Bireyin gelecekte içinde olmak istediği bir durumu hedefleyerek, o duruma ulaşmak için şimdi-burada etki alanı içinde olan algı ve davranışlarda bulunmaya başlaması.

Gelişim Odaklı Değerler Kültürü
İnsan ilişkilerini bireylerin davranışları altında yatan ortak değerleri önemseyen bir anlam verme sistemi içinde değerlendiren kültür.

Gözlemleyen bilinç
Kişinin duygu ve düşüncelerinin, niyetinin, içinde bulunduğu bağlamın farkında olan, farkında olduğunun farkında olan bilinç.

İç çocuk
Kimseyi etkilemeyi düşünmeden içimizden geldiği gibi davrandığımızda kendini gösteren ve yaşamımızın kaynağını oluşturan özgür, duygusal, coşkulu, saf ve hayal dolu bir yanımızı içeren özbenlik.

İletişim
İki insanın birbirinin farkına varmasıyla başlayan mesaj alışverişi.

İlişki
Aynı sosyal ortamda olmaları nedeniyle sık sık iletişim içinde olup birbirinin tanıdığı olan insanların iletişimi.

Kendine doğru insan olmak
Denetleyici bir otoritenin gözüne girme amacı gözetmeden, kendi inandığı değerleri yaşayıp ilişkilerinde yaşatmaya özen göstermek. Bkz. Kendine tanıklık yapmak; iç tanık.

Kendine tanıklık

Davranışlarına kendi bilincinin tanıklık yaptığının farkında olma hali. Denetim Odaklı Korku Kültürü'nde yetişmiş biri farkında olmadan kendini önem verdiği otoritenin gözüyle değerlendirir; Gelişim Odaklı Değerler Kültürü'nde yetişmiş biri ise kendini iç tanığının gözüyle değerlendirir ve hayatına kendi tanıklığı içinde anlam verir.

Kendinle bütünlük içinde olmak

Kendine tanıklık süreci içinde kendi değerleri ve inançlarıyla tutarlı bir insan olarak yaşamak.

Kendini inşa etmek

Bireyin düşünce, algı ya da davranışında hedeflediği değişiklikleri yapmak için şimdi-burada etki alanı içinde olan farklı algı ve davranışlarda bulunmaya başlaması.

Kendini tanımak

Şimdi-burada yaşamı nasıl algılayıp deneyimlediğinin farkında olacak bir gözlemleyen bilinç geliştirebilmiş olmak.

Keşif alanı

Bir şeyin farkına varıp, onu anlama çabası gösterdiğiniz bir durumdur.

Konfor alanı

Hiçbir şey yapmadan, öğrenmeden hayatınızı olduğunuz gibi var olarak devam ettireceğiniz bir durumdur.

Kültür robotu

Kültür şablonlarıyla algılayan ve davranan kişi.

Kültür şablonu

Toplumda farkında olmadan paylaşılan ve kullanılan algılama ve davranma kalıpları.

Mahrem tanık

Bireyin özel ve derin bir deneyimini paylaştığı tek kişi.

Mükemmeliyetçilik

Yaşamı denetim altına alarak her şeyin istediği gibi olmasını sağlama çabası. Denetim Odaklı Korku Kültürü'nün ürünüdür.

Niyetin saflığını keşfetmek

Şimdi-burada kişinin özündeki amaç ve isteği algılayıp, anlam verip, o amaca uygun davranışlara karar vermesi.

Olgun insan

Üç konuda farkındalığı gelişmiş insan: 1- Kendini tanıma; 2- Diğerini tanıma ve 3- İçinde bulunduğu sistemi tanıma.

Panik alanı

Panik alanı kendinizi güvende hissetmediğiniz, kaygı ve korku duyduğunuz bir durumdur.

Psikolojik insan

İnsanın, bir birey olarak akıl ve duyguları içinde tanımı.

Rol model
Düşünce ve davranışlarını şimdi-burada aynen yapmak için farkında olmadan örnek aldığımız kişi.

Savaşçı
Gözlemleyen bilinciyle varoluşunu ait olma ve birey olmada dengeleyen ve özgün yaşamaya kendini adayan insan.

Saygı duymak
İlişki içinde olduğun kişinin kendine özgü sınırlarının bilincinde olmak ve o sınırları ihlal etmemeye özen göstermek.

Sevmek
Bu kitabın çerçevesi içinde sevmek, ilişki içinde olduğun insandan kendin için hiçbir çıkar beklemeden, onun gelişip mutlu olması için emek ve zaman vermek olarak tanımlanmıştır.

Sohbet
İlişki içinde olduğu insanı, olayları veya içinde bulunduğu durumu yargılamadan kendini, ilişkiyi ve yaşamı anlamak için yapılan, dinlenmenin daha ağır bastığı karşılıklı konuşma.

Sorumluluk bilinci
Kişinin şimdi-burada etki alanı içerisinde gördüğü olaylardan ve şeylerden hesap vermeye hazır olma hali.

Sosyoekonomik insan
İnsanın, toplumsal ve ekonomik konumu içinde tanımı.

Tanıklık boyutları
İlişki içindeki kişilerin birbirlerini nasıl değerlendirdiklerini ifade eden mesajlar.

Yaşamında kendi olarak var olmak
İçinde bulunulan sosyal ortamda, olduğu gibi kabul edildiği hissini yaşamak. Yaşamında kendi olarak var olan kişi kendini değerli, güvenilir, sevilmeye layık ve saygı değer bir insan olarak ekibin bir parçası hisseder.

YÜZ
İlişki içinde bireyi sosyal kimliğiyle tanımlayan terim. 'Müdür', 'öğrenci', 'zengin', 'yabancı', 'nişanlı' gibi sosyal konumları ifade eder.

YÜZ baskın İlişki
İnsanın insan olma özünü (CAN) dikkate almadan, sosyal kimlikler içinde kurulan ilişki.

KİTAPTAKİ BAZI KAVRAMLARLA İLGİLİ
DAHA AYRINTILI OKUMA İÇİN

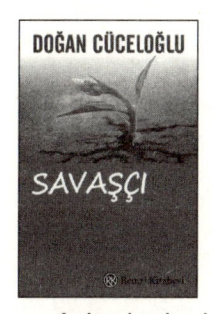

SAVAŞÇI

Bir insanın kendi yaşamındaki "niyette saflığı" keşfetmesi konusunu *Savaşçı* kitabımda irdeliyorum. Aynı kitapta, olayları algılamada şimdi ve burada etkili olan unsurların farkında olan "gözlemleyen bilinç" konusunu da daha ayrıntılı olarak tartışıyorum.

Savaşçı tutumu ve savaşçının yaşarken canlı tuttuğu farkındalıklar, özellikle niyetinin saflığının farkında olarak anne ve babalık yapmak önem verdiğim bir konu. O nedenle savaşçı bilincinin farkındalıklarını aşağıda paylaştım:

- Karar vermeden önce düşünür, inceler, gözden geçirir, acele etmez, her şeyi hesaba katar, niyetinin saflığından ve ortama getirdiği bilinçten tümüyle sorumluluk alır.
- Aklıyla inceler, gönlüyle karar verir.
- Verdiği kararlardan pişmanlık duymaz.
- Sabırla bekler; beklediğini ve ne için beklediğini bilir.
- Ölümünün bilincinde, ama aynı zamanda bunu "umursamaz bir tavır" içerisindedir.
- Stratejik bir tavır içinde yaşar.
- Hiçbir şeyin müptelası olmaz.
- Her şeye saygıyla yaklaşır.
- Taşıyamayacağı yükün altına girmez; vuruş menzili içinde kalır.
- Seçimini yaparken, gönlünün sesini dinler.
- İçinde bulunduğu duygusal durumu kendisi belirler.
- Alçakgönüllüdür.
- Olan her şeyi, üstesinden gelinmesi gereken bir öğrenme fırsatı olarak görür.
- Sağlığına özen gösterir.
- Yaşamına katkıda bulunan her şeye ve herkese teşekkür duygusu besler.

'MIŞ GİBİ' YETİŞKİNLER

Görünüşü yetişkin ama içi olgunlaşamamış, "çocuk kalmış" insanların hayatlarını *'Mış Gibi' Yetişkinler* adlı kitabımda anlatıyorum.

Bazı insanlar duygusal olarak gelişemeyince davranışlarında, konuşmalarında, ilişkilerinde bir yetişkinin olgunluğunu gösteremiyorlar. Bedenen büyümüş, yetişkin gördüğümüz için onlardan beklentilerimiz olgun insan davranışları oluyor. Hayal kırıklığına uğruyoruz ve çoğu kere onları olduğu gibi kabul etmekte zorlanıyor ve öfkeleniyoruz.

Bu kitapta, "mış gibi yetişkin" bir erkekle bir kadının karı-koca ilişkileri ve annelik ve babalık yaparken nasıl davrandıkları anlatılıyor. Ailede baskın duygu kaygı, korku ve öfke. Ailenin bir kız bir de erkek çocukları var ve çocukların gelişmesine izin verilmiyor; hem anne hem baba farkında olmadan çocuklarını sürekli kalıplıyor. Kendi seçimlerini özgürce veren bir birey değil, kendileri gibi düşünen ve davranan bir kültür robotu yetiştiriyorlar. Ve bunun böyle olduğunun farkında bile değiller.

Geliştiren anne-baba olmak isteyenlerin, olmak istemedikleri rol modeller baba Recep Bey ve anne Hatice Hanım tarafından temsil ediliyor.

'Mış Gibi' Yetişkinler'de, "utanca boğan" aile ortamını da daha ayrıntılı olarak ele alıyorum. İlgilenen okurlar bu konuda ayrıca *Korku Kültürü* kitabımdan da yararlanabilirler.

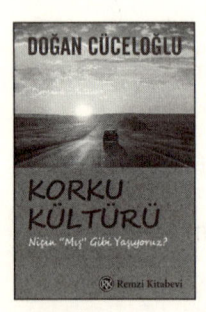

KORKU KÜLTÜRÜ

Korku Kültürü'nde, kaba güçten başka hiçbir değer tanımayan ve "korkan-korkutan ilişkisi" üstüne kurulu bir yaşam anlayışının temelini irdeliyorum.

2004 yılında oğlum Timur'la on günlük bir gezi yaptık: İstanbul–Kastamonu–Sinop–Ordu–Amasya–Tokat–Niğde–Silifke–Afyon–İstanbul. Gezi boyunca gördüklerimizi bireyi ve toplumu yöneten kültür dinamikleri içinde anlamlandırmaya çalıştık. Gezimize hayali bir karakter, Arif Bey'de katıldı.

Gezi boyunca "güç" odaklı kaygı-korku kültürünün bir sistem olarak işleyişini ve toplumsal ve bireysel yaşama yansımasını sohbet konusu ettik. Korku kültüründe insan ilişkileri, kültürün doğası gereği güçlü/güçsüz ekseninde anlamlandırılır. Hakikat, adil olmak, halden anlamak, insan onuru gibi değerler güçlü/güçsüz ilişkisi içinde anlamını kaybeder. Düşünmeden körü körüne itaat, otoriteye yalakalık, zayıfı ezerek güçlü olduğunu göstermek kabul gören davranışlar olur.

Kaygı-korku kültüründe anne-baba çocuğu kalıplar; saygı-güven kültüründe geliştirir. Kaygı-korku kültüründen saygı-güven kültürüne geçiş anne ve babaların çocuk yetiştirme tarzlarını değiştirmesiyle olacaktır.

Kendimiz ve "ilişkilerimiz"le ilgili daha ayrıntılı bilgi için *İnsan İnsana* ve *İletişim Donanımları*'nı okuyabilirsiniz.

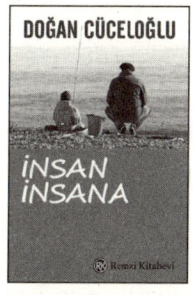

İNSAN İNSANA

İnsan İnsana ilk yazdığım kitaptır. İletişimin insan ilişkilerindeki yerini anlatmak için yazılmıştır. Kitap iki kısımdan oluşur.

İlk kısımda sözlü ve sözsüz mesajlar, kendini tanımanın önemi, savunucu tavır içinde konuşma, dinlemenin insan ilişkilerindeki yeri, sürtüşme ve çatışmaların hayatımızdaki yeri ve yönetimi, birey ve toplum ilişkileri örneklerle anlatılmaktadır. İkinci kısımda değişim içinde olan toplumdan iletişim manzaraları, kültür ve iletişim ilişkileri, içimizde çatışan iki farklı dünya söz konusu edilmektedir.

İLETİŞİM DONANIMLARI

İletişim Donanımları'nda, anlamlı ve etkili bir yaşam için temel olan iletişim bilincini ele alıyorum.

Bu kitapta insanın kendini ve dünyayı algılamasını, kendiyle, toplumla ve dünyayla ilişki kuruş tarzlarını, "can" dediğimiz insanın kendi özünün, "yüz" dediğimiz sosyal dünyada kendini ifade etmesini anlatıyorum.

İÇİMİZDEKİ ÇOCUK

Kendini geliştirme yolunda, kişinin öncelikle "kendisiyle olan ilişkileri"ni gözden geçirmesi konusunu *İçimizdeki Çocuk* kitabımda ele aldım.

Her birimizin içinde bir çocuk var. Bu çocuk ya kendini önemli, değerli, olduğu gibi kabul edilmiş, güvenilen, sevilen ve saygı duyulan biri olarak görür ya da önemsiz, değersiz, kabul edilmemiş, güvenilmeyen, sevilmeye layık olmayan, saygı duyulmayan biri olarak görür. İçimizdeki çocuk, içinde yetiştiğimiz ailede oluşur.

Bu kitapta okurun içindeki çocuğu tanıması için uygulamalar verilmiştir. Sağlıklı ve sağlıksız ailede iletişim ve kurallar gözden geçirilir. Utanma ve utanca boğulma karşılaştırılır. Sağlıklı ailede bulunması gereken beş temel özgürlük irdelenir.

GERÇEK ÖZGÜRLÜK

Ailesinde anlam vermenin temellerini araştırmak isteyip "değişim ve gelişimle" içtenlikle ilgilenen okurlarıma *Gerçek Özgürlük* adlı kitabımı okumalarını öneririm.

Bu kitap, gençlik yıllarımı temsil eden üniversite öğrencisi Timur ile yaşlılık yıllarımı temsil eden emekli psikoloji profesörü Yakup Bey arasında geçen sohbetlerden oluşuyor.

Sevdiği kızın kendisini önemsemediğini fark etmeyen Timur ona evlilik teklif eder. Sosyo-ekonomik düzeyi yüksek Nesrin kibarca, sen ben denk değiliz mesajını verir. Tesadüfen Timur'la karşılaşan Yakup Bey gencin yüzünden hüznünü ve yalnızlığını anlar ve ona isterse Sahaflar Çarşısı'ndaki kitapçı dükkânına gelebileceğini söyler.

Buluşmaya ve sohbet etmeye başlarlar. Bu sohbet içinde Timur kendi anlam verme sistemini, değerler sistemini, ezikliğinin kaynağını, toplumla, yaşamla ilişkisinin temellerini keşfetmeye başlayacaktır.

Anne-baba çocuğunu özgür bir insan olarak yetiştirmek istiyorsa çocukla sohbet etmesini bilmelidir. Timur ve Yakup arasında yer alan sohbet anne-baba için bir model teşkil edebilir. Bu kitapta, karşılıklı saygı içinde olan iki insanın; yaşamını, ilişkilerini, kendi anlam verme sistemini keşfedişi yer almaktadır.

BAŞARIYA GÖTÜREN AİLE

Anne ve baba olarak, "başarı"dan ne anlıyorsunuz? Ailece önceliğiniz hangi tür başarı? *Başarıya Götüren Aile* kitabımda bu konuda geniş açıklamalar var; ilgilenen okura öneririm.

Her anne-baba çocuğunun başarılı olmasını ister. Ancak, çocukları kaygılandırarak onları başarılı kılamayız; onları şevklendirmemiz gerekir. Kaygılı çocuğun beyni verimli çalışamaz; hevesli ve umutlu çocuğun beyni verimli çalışır.

Bu kitapta dört tür başarı anlatılıyor: 1- Okul başarısı; 2- Meslek başarısı; 3- Evlilik ve aile başarısı; 4- Yaşam başarısı. Çocuğumuzun yaşam başarısı diğer tüm başarılara şemsiye görevini görmeli, onları da kapsamalıdır.

Bu kitapta çocuğumuzun hevesle ve şevkle nasıl çalışıp başarılı olacağı ile ilgili anne-babalara bilgi verilmektedir.

ONLAR BENİM KAHRAMANIM

"Etki alanı" içinde kalarak görme engelinin üstesinden gelme üzerine yazdığım *Onlar Benim Kahramanım* adlı kitabımda, Türkiye'de bu konuda ilklerden birinin, Gültekin Yazgan'ın yaşam öyküsünü anlatıyorum.

Gültekin Yazgan on bir yaşında görme yeteneğini kaybetti. Aydın'da çocukluğunu yaşadı, ailesi ona ömür boyu bakmayı göze almıştı, ama o kendi ayakları üzerinde durabilen bir insan olmak istedi. Körler için oluşturulmuş Brail alfabesini öğrenmekte, okulu bitirmekte ve arkadaşlarıyla buluşmakta ısrar etti. Hiçbir özel sınav koşulu yaratılmadığı halde görenlerle yarışarak Ankara Hukuk Fakültesi'ne girdi ve oradan birincilikle mezun oldu.

Çocuklarını sağlıklı bir aile ortamında yetiştirmeye özenen okurlarımın anne ve baba olarak bu kitaptan esinleneceği çok yönler vardır. Gültekin Yazgan ve eşi Tülay Yazgan zorluklarla baş ederek sürekli kendini geliştiren ve topluma hizmet eden örnek bir çift. İzmir'de halen hizmet veren TÜRGÖK (Türkiye Görme Özürlüler Kitaplığı) binlerce görme özürlü insana eğitim olanakları sağlamaktadır.

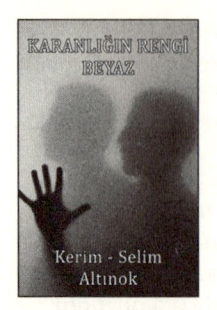

Bu kitap Gültekin Yazgan ve eşi Tülay Yazgan'ın yaşam öyküsünü anlatmaktadır.

Bu konuda, başka bir kaynak da önerebilirim: Dost bildiğim ve hayran olduğum iki insanın, Kerim Altınok ve Selim Altınok'un yaşam öykülerini anlatan *Karanlığın Rengi Beyaz.*

DAMDAN DÜŞEN PSİKOLOG

Anne-baba olma konusunda kitap yazan birinin, hele bir bilim insanı tavrı içinde kitap yazan birinin, kendi anne-babalığı merak edilir, bilinmek istenir. Bu okurun doğal hakkıdır; sanırım bu soru birçok okurun aklına gelmiştir.

Ben iyi bir baba olamadım. Çocuklarıma kötülük yapan bir baba değildim, ama onların bana en çok ihtiyaçları olduğu dönemlerde dört yıl, evet dört yıl, onlardan uzakta kaldım. Niçin uzakta kaldım? Ne yapıyordum? Ben nasıl biriydim ve nasıl bir yaşam yolculuğu içinden geçerek bugün *Geliştiren Anne-Baba* kitabını yazıyorum?

Canan Dila'nın kaleme aldığı *Damdan Düşen Psikolog* adlı kitap bu soruların cevaplarını veriyor. Kitap, Canan Dila ile sohbetlerimizden oluşuyor; çocukluğumdan bugüne kadar hayatımı konu edinen sohbetlerden.

GELİŞTİREN ANNE-BABA

Geliştiren Anne-Baba kitabı aşağıdaki soruların cevaplarını bulabileceğiniz bir kitap: Kucağınızda tuttuğunuz o çocuk muhteşem bir potansiyel olarak doğar. Bir anne-baba olarak bu muhteşem insan potansiyelinin farkında mısınız? Farkında iseniz, bu potansiyeli bildiğiniz kültür kalıpları içinde kalıplamak mı istersiniz, yoksa onun içinde taşıdığı kendine özgü yetkinlikleri içinde geliştirmek mi?

Çocuğunuzun yeteneklerini geliştirmeyi önemseyen bir anne-baba iseniz, bunu nasıl yapacaksınız? Neleri bilmeli, nelerin farkında olmalısınız? Karı-koca olarak çocuk için aynı hedefleri mi düşünüyorsunuz?

Demokratik bir aile yaratmak toplumun demokratik geleceği için önemli. Haftalık aile toplantılarının yaşayacağı ve yaşatacağı aile değerlerinin farkında mısınız? Ailenizde güçlünün BEN dediği güçsüze istediğini yaptırdığı Korku Kültürü mü hakim, yoksa aileniz BİZ bilincini yaşatan temel değerler içinde mi ilişki kuruyor?

BİR KADIN BİR SES
Türkiye'de bir kadının var olma savaşını anlatan bu kitapta Saniye Çelik'in öyküsünü okuyacaksınız. Saniye, 'erkek gibi bir kız' olup babasının gözüne girerek okula gitmeyi başarmıştı; ama tüm mücadelesine rağmen kocasının iç dünyasına girmeyi, onun can yoldaşı olmayı başaramadı. Kocası Saniye'yi hep uzak tuttu. Saniye duygularını şiirlerle ifade etti:

Ve ben Türkiye'de
Türkiyeli kadınım
Bahtı karalıyım

Bana bir çember çizdiler
Yetmedi
"Yetmez!" dediler
Zincirlere vurdular
Bir adım değil
Bir ayak boyu bile
Çıkamam dışarı

Konuşamam, düşünemem gönlümce
Başkaları düşünür
Konuşur başkaları
Karar da verirler yerime

Sadece kendi için değil, bu ülkenin tüm kadınları için yazdı. Adını kocasının ağzından bir kez bile duymayınca Saniye gerçekten var olup olmadığını sorguladı:

Yoksam ben
Varmışım gibi
Canlıymışım gibi
Neden
Acıyor yüreğim
Yaş akıyor
Gözlerimden

Acı ama sonunda zafere ulaşan bir kadının yaşam yolculuğunun öyküsü var bu kitapta.

İÇİMİZDEKİ BİZ

İçimizdeki Biz kitabında dayanışma bilincini anlatıyorum. İçimizdeki BİZ, yaşamımızdaki dayanışma geçeğinin temelidir. Bu gerçeği yaşayan insanlar birbirlerine güven duyarlar. Aile yaşamı, komşuluk ilişkileri, ekonomik ve politik yaşam bu güven üstüne kurulur. Böyle bir toplumda trafik ışığında motoru stop eden arabanın sürücüsüne yardım eli uzanır; çocukların ve toprağın geleceğine sahip çıkılır. Ailede olduğu kadar iş yaşamında da biz bilincini işleyen bu kitap sekiz kısımdan oluşuyor.

NOTLAR

1. Aşık Mahmut Çelikgün Şiirlerinden Seçmeler
   https://www.google.com.tr/url?sa=t&rct=j&q=&esrc=s&source=web&cd=1&cad=rja&uact=8&ved=0ahUKEwjy9c_w9rfWAhXIC8AKHV0hC0IQFggmMAA&url=https%3A%2F%2Fwww.antoloji.com%2Fasik-mahmut-celikgun%2F&usg=AFQjCNGGVNO_6cuwFk7QgBiGJQ25Piv98Q
2. Ceyhun Yılmaz
   https://www.google.com.tr/url?sa=t&rct=j&q=&esrc=s&source=web&cd=1&cad=rja&uact=8&ved=0ahUKEwiF_5Gv8r_WAhXRaFAKHVojC6sQFggmMAA&url=https%3A%2F%2Fwww.antoloji.com%2Fceyhun-yilmaz%2F&usg=AFQjCNG6ekB5o06bgI2-LaFb3TxCWDPxEw
3. Robert Waldinger
   https://www.ted.com/talks/robert_waldinger_what_makes_a_good_life_lessons_from_the_longest_study_on_happiness
4. *Inventing the Individual: The Origins of Western Liberalism* (Bireyi İcat Etmek: Batı Liberalizminin Kökenleri) adlı kitap İngiliz tarihçi Larry Siedentop tarafında yazılmıştır. Bu kitapta yazar bireyin bir sosyal varlık olarak dikkate alınacak bir değer kazanmasının tarihini anlatıyor.
5. Halil Cibran, *Ermiş*, Remzi Kitabevi, 2015, Çev.: Kenan Sarıalioğlu, s.18
6. Nâzım Hikmet, *Davet*
   http://www.siir.gen.tr/siir/n/nazim_hikmet/davet.htm
7. *Evolution: The Curious Case of Homo Sapiens.* Garth J. O. Fletcher (Victoria University Wellington, New Zealand); Jeffry A. Simpson (University Of Minnesota, USA); Lorne Campbell (University of Western Ontario, Canada); and Nickola C. Overall (University of Auckland, New Zealand) *Perspectives on Psychological Science* 2015, Vol.10 (1) 20-36.

KAYNAKÇA

Adler, Alfred (2003). *Yaşamın Anlamı [Der Sinn des Lebens, 1931]*. Payel Yayınevi.
Akgül, Mustafa (2013). *Size ve Evladınıza Mutlu Yuva*. Ankara: Kitap Neşriyat Dağıtım Yayınları.
Arkış, Nurdoğan (2012). *Mümkün*. Final Kültür Sanat Yayınları.
Arkış, Nurdoğan (2016). *Ben Kimim?*. Final Kültür Sanat Yayınları.
Arslan, Arif (2014) *Mutlu Evlilik ve 5 Kuralı*. Sena Yayınları.
Bilgin, Nuri *(1995)*. *Kolektif Kimlik*. Sistem Yayıncılık.
Bolat, Özgür. (2016). *Beni Ödülle Cezalandırma*. Doğan Kitap.
Boteach, Shmuley (2006). *10 Conversations You Need To Have With Your Children*. New York: Regan Books.
Brizendine, Dr. Louann (2016). *Kadın Beyni*. Say Yayınları.
Brizendine, Dr. Louann (2016). *Erkek Beyni*. Say Yayınları.
Brockman, John (2013). *Kültür [Culture]*. Alfa Basım.
Brown, Brene (2008). *I Thought It Was Just Me*. London: Gotham Books.
Brown, Brene (2011). *Mükemmel Olmamanın Hediyeleri [The Gifts of Imperfection]*.Butik Yayıncılık
Cibran, Halil (2015) *Ermiş*. Remzi Kitabevi.
Cline, Foster ve Fay, Jim (2006). *Parenting With Love & Logic*. Colorado: Pinon Press.
Covey, Stephen M.R. ve Merrill, Rebecca R. *(2009)*. *Güvenin Hızı:Her Şeyi Değiştiren Tek Şey [The Speed of Trust]*. Varlık Yayınları
Çankırılı, Ali (2011) *Gençler İçin Evlilik Okulu*. Zafer Yayınları.
Çelen, Meral (2008). *Çocukluk ve İlkgençlik Yıllarım: Meral Çelen'in Anıları-I*. Nesin Yayıncılık
Çelen, Meral (2008). *Aziz Nesin'li Yıllar: Meral Çelen'in Anıları-II*. Nesin Yayıncılık
Davidson, Richard J. & Begley, Sharon (2012). *The Emotional Life of Your Brain*. London: Plume Printing
Dilaver, Faruk (2014) *Mutlu Evlilik*. Destek Yayınları.
Doğru, Polat, Ebru Tuay Üzümcü (2015). *Kendin Ol Hayatı Keşfet*. Remzi Kitabevi.

Eagleman, David (2013). Incognito: *Beynin Gizli Hayatı* [*Incognito*]. Domingo Yayınları.
Erer, Ramize (2004) *Evlilik*. Cadde Yayınları.
Fromm, Erich. (1979.) *Sevginin ve Şiddetin Kaynağı* [*The Heart of Man Its Genius for Good and Evil*]. Payel Yayınları.
Fromm, Erich. (1982.) *Yeni Bir İnsan Yeni Bir Toplum* [*Beyond the Chains of Illusion: My Encounter with Marx and Freud*]. Say Yayınları.
Garth J. O. Fletcher (Victoria University Wellington, New Zealand); Jeffry A. Simpson (University Of Minnesota, USA); Lorne Campbell (University of Western Ontario, Canada); and Nickola C. Overall (University of Auckland, New Zealand) Evolution: The Curious Case of Homo sapiens. *Perspectives on Psychological Science* 2015, Vol.10 (1) 20-36.
Gentile, Mary C. (2010). *Giving Voice To Values*. London: Yale University Press.
Gerhardt, Sue (2004). *Why Love Matters*. New York: Routledge.
Glasser, William, M.D. and Glasser, M.A. (2007). *Eight Lessons For A Happier Marriage*. New York: Harper.
Goleman, Daniel (2014). *Odak*. Varlık Yayınları.
Gottman, John M. & Schwartz Gottman, Julie & Declaire, Joan (2006). *Ten Lessons to Transform Your Marriage*. New York: Three Rivers Press.
Gottman, John ve Silver, Nan (2002). *Evliliği Sürdürmenin Yedi İlkesi* [*The Seven Principles for Making Marriage Work*]. Varlık Yayınları.
Gottman, John ve Silver, Nan (2014). *Aşk Nasıl Sürdürülür?* [*What Makes Love Last*]. Varlık Yayınları.
Gray, John (1195.) *Mars and Venus in the Bedroom: A Guide to Lasting Romance and Passion*. New York: HarperCollins Publishers.
Gray, John (2005). *Mars and Venus: Together Forever*. New York: Perennial Currents.
Gülerce, Aydan. (1996.) *Türkiye'de Ailelerin Psikolojik Örüntüleri*. İstanbul: Boğaziçi Üniversitesi Yayınları.
Güneş, Adem (2013). *Doğal Ebeveynlik*. Timaş Yayınları.
Güneş, Adem (2014). *Kişilik ve Karakter Gelişiminde Çocukluk Sırrı*. Nesil Yayınları.
Hacıevliyagil, Yıldız (2017). *İşim ve Ben: Meslek Seçiminden Önce Okunacak Kitap*. Remzi Kitabevi.
Harris, Sam (2004). *The End Of Faith*. New York: W. W. Norton&Company, Inc.
Harris, Sam (2010). *The Moral Landscape*. New York: Free Press.

Kağıtçıbaşı, Çiğdem (2010). *Benlik, Aile ve İnsan Gelişimi.* İstanbul: Koç Üniversitesi Yayınları.
Kahneman, Daniel (2012). *Thinking Fast and Slow.* London: Penguin Books Ltd.
Katherine, Anne (1993). *Boundaries: Where You End and I Begin.* New York: Fireside.
Katherine, Anne (2000). *Where To Draw The Line: How To Set Healthy Boundaries Every Day.* New York: Fireside.
Kessler, Hilda ve Yalom, Irvin D. (2006). *Evlilik Terapisi [Treating Couples].* Prestij Yayınları.
Konaş Büyükpınar, Didem (2013). *Bir Boşanma Avukatının Anıları.* NTV Yayınları.
Kuçuradi, İoanna (2003). *İnsan ve Değerleri: Değer Problemi.* Ankara: Türkiye Felsefe Kurumu.
Lazarus, Arnold A. (2006). *Evlilik Masalları [Marital Myths Revisited].* Sistem Yayıncılık.
Les, Drs. & Parrott, Leslie (2006). *Saving Your Marriage Before It Starts. Expanded & Updated Edition.* Zondervan.
Levine, Mel (2005). *Hayata Hazır Gençler Yetiştirmek [Ready or Not, Here Life Comes].* Boyner Yayınları.
Lythcott Haims, Julie (2015). *How To Raise An Adult.* New York: Henry Holt and Company, LLC.
Maraşlı, Sema (2017) *Mutlu Evlilik Okulu.* Profil Kitap.
Marinoff, Lou (2007). *Felsefe Hayatınızı Nasıl Değiştirir? Therapy For The Sane.* Pegasus Yayınları.
Molloy, John T. (2007). *Erkekler Neden Bazı Kadınlarla Evlenir? ... Diğerleriyle Değil! [Why Men Marry Some Women And Not Others].* Artemis Yayınları.
Özakpınar, Yılmaz (1998). *Kültür ve Medeniyet Üzerine Denemeler.* Ötüken Neşriyat.
Özakpınar, Yılmaz (1999). *Kültür ve Medeniyet Anlayışları ve Bir Medeniyet Teorisi.* İstanbul: Ötüken Neşriyat.
Özakpınar, Yılmaz (2003). *Kültür Değişimleri ve Batılılaşma Meselesi.* Ötüken Neşriyat.
Özakpınar, Yılmaz. (2003). *İslam Medeniyeti ve Türk Kültürü.* Ötüken Neşriyat.
Pınar, Zeynep Akıncı (2017) *Türk Psikiyatristin Divanı.* Hayykitap.
Riez, Helene Scheu (2008). *Benimle Evlenir Misin? [Will You Marry Me?].* Doğan Kitap.
Rogers, Carl (2012). *Yarının İnsanı [A Way of Being].* Okuyan Us Yayınları.

Rogers, Carl R. (2012). *Kişi Olmaya Dair* [*On Becoming A Person*]. Okuyan Us Yayınları.
Rosemond, John (1995). *A Family of Value*. Kansas City: Andrews McMeel Universal Publishing.
Rosemond, John (2005). *Family Building*. Kansas City: Andrews McMeel Publishing.
Rosemond's, John (2011). *Parent Power*. Kansas City: Andrews McMeel Publishing.
Runkel, Hal Edward (2011). *Screamfree Marriage*. New York: Crown Archetype.
Russell, Bertrand (2005). *Evlilik ve Ahlak* [*Marriage and Morals*]. Cem Yayınevi
Satir, Virginia (2001). *İnsan Yaratmak* [*The New Peoplemaking*]. Beyaz Yayınları
Seligman, Martin E.P.(2007). *Öğrenilmiş İyimserlik* [*Learned Optimism*]. HYB Basım Yayın.
Siedentop, Larry (2014) *Inventing the Individual: The Origins of Western Liberalism* (Bireyi İcat Etmek: Batı Liberalizminin Kökenleri). Harvard University Press.
Siegel, Daniel (2010). *The Mindful Therapist*. New York: W. W. Norton & Company, Inc.
Siegel, Daniel J. (2012). *The Developing Mind*. New York: The Guildford Press.
Small, Gary and Vorgan, Gigi (2013). *Bir Psikiyatristin Gizli Defteri* [*The Other Side of the Couch*]. NTV Yayınları.
Tarhan, Nevzat (2017) *Aile Okulu ve Evlilik*. Timaş Yayınları.
Tuğral, Süleyman (2008). *Kuranda Değerler Sistemi*. Ankara: Ankara Okulu Yayınları.
Uçkan, Kasım (2012) *Mutlu Evlilik*. Bengisu Yayınları.
Üzümcü, Ebru Tuay (2014). *Bir İlişki 50 Günde Nasıl Kurtulur*. Remzi Kitabevi.
Üzümcü, Ebru Tuay (2015). *Çeyiz Sandığı*. Remzi Kitabevi.
Vannoy, Steven W. (1994). *The 10 Greatest Gifts I Give My Children*. New York: Fireside
Walser, Martin (1996). *Yamalı Evlilikler*. Can Yayınları.
Weiner, Bernard (1995). *Judgments of Responsibility*. New York: Guilford Press.
Wright, H. Norman (1992). *The Premarital Counseling Handbook*. Chicago: Moody Publishers.

Wright, H. Norman (2004). *101 Questions to Ask Before You Get Engaged.* Oregon: Harvest House Publishers.
Wright, H. Norman & Roberts, Wes (1997). *Before You Say "I Do".* Oregon: Harvest House Publishers.
Yalçın, Hatice (2010) Evlilik Okulu. Nobel Akademik Yayıncılık.
Yanık, Medaim (2016) *Dest-i İzdivaç.* Hayykitap.
Yanık, Medaim (2017) *Mutlu Evliliklerin 7 Özelliği.* Hayykitap.
Yavuzer, Haluk (2015) *Evlilik Okulu.* Remzi Kitabevi.